JN296878

介護予防支援と
福祉コミュニティ

松村直道《matsumura naomichi》
［著］

東信堂

はしがき

本書は、社会福祉を学ぶ学生諸君、地方自治体や社会福祉協議会、様々な福祉施設で働く方々、地域社会の福祉活動に関心を持つ市民の方々を念頭に、最近数年間に筆者が様々な機会に書いた小論文をまとめたものである。

筆者は、福祉社会学の一研究学徒として、変動する日本の地域社会の中で、福祉社会の実現を目指して、福祉組織化がどのように進んでいるかに研究の関心を置いてきた。

一九九〇年以降の二〇年間、社会福祉の分権化の掛け声のもと、地方自治体が実施する事業はますます拡大し、地域福祉の内実が形成されてきたと言われるが、高齢者虐待の増加に象徴されるように、脆弱化する家族の福祉機能を代替する福祉組織は未完であり、地域社会の再組織化、新しい福祉コミュニティの再生が求められている。

本書は、筆者が茨城県内の自治体を対象にして行った、社会調査の成果を基礎にして取りまとめたものであり、「地方社会の福祉コミュニティ研究」ともいうべきものである。地方社会にこだわる背景には、以下のような理由もある。

二〇一〇年の二月、茨城県つくば市で、日本地域福祉学会地方支部（茨城県）と茨城県社会福祉協議会、茨城社会福祉協議会職員連絡協議会が主催して、「いばらき地域福祉フォーラムinつくば」が開催された。その際、フォーラムを企画する実行委員の中から、「最近の地域福祉研究において、地方社会が軽視されているのではないか」ということで、フォーラムのテーマが「〝地方地域〟で創造する新たな地域協働の発展と展開」に決定した。

確かに、社会福祉系の学会に参加すると、都市地域を対象にした報告が多く、農村や地方社会を対象にしたものは少ない。なぜこうした偏りが生じるのか。その背景には、社会福祉問題の密度が高く、問題解決の緊急性が要請される所に、研究者の関心が集中するということがある。その結果、福祉問題の空間的な密度が薄く、問題の緊急性を住民が十分に意識しない「地方地域」では、研究者の関心も薄れるようである。

しかし、実行委員の指摘するように、「地方地域」の現実は都市部と同様に深刻であり、地方現場の職員は研究者との協働を期待している。本書があえて「地方社会」にこだわるのはそうした意味もある。

次に、本書の構成について簡単に説明したい。

第1章「分権型福祉社会と地方社会の課題」では、福祉国家の多元化と日本における九〇年代の社会福祉改革を素描した上で、地方社会における社会福祉の構造的な変化を分析し、近未来の分権型福祉コミュニティを構想している。

第2章「高齢者の生活スタイルと近隣居住」では、1節で団塊の世代を念頭において、ネットワーク型家族、自己実現型余暇等を主題にして、自立した高齢者の生活スタイルを論じている。2節では国民生活基礎調査における高齢者の居住形態を素材にして、近隣居住について論じている。

第3章「地方社会における介護保険の運営」では、1節で中山間地域における介護保険料の低廉性の理由を、家族介護と介護サービス環境の考察から明らかにする。2節では市民オンブズマン的な役割をしている介護相談員について紹介する。3節では「事業体化」が自明のものとなっている社会福祉協議会と介護保険事業との係わりを、類型的に考察する。4節では〇五年の介護保険「見なおし」の諸課題を、地方社会の視点から検討した。

第4章「地域ケアシステムと在宅ケアチームの実践」では、1節で茨城県の地域ケアシステムについて紹介し、2節で水戸市の2つのケアチームについて、フィールドサーベイの結果を紹介した。

第5章「地域包括支援センターの構想と現実」では、1節で同支援センターの理念とネットワーク形成の重要性について指摘し、2節でその整備を進めるための阻害要因と促進要因について事例検討を通じて考察した。

第6章「介護サービス評価の展開と当事者主体の評価」では、1節で様々な介護評価の実践を紹介し、2節で水戸市で実施した事業者調査・利用者調査を素材にして、福祉コミュニティ形成的な役割について分析した。

終章では、福祉コミュニティ再生に果たす社会関係資本の意義について論じた。

付論は、本書の主題から少し外れるが、中小零細企業従業者が加入する全国健康保険協会の保険料改定に際して、そのあり方を批判的に論じたものである。

本書では、先に指摘したように「地方社会のひとつの代表」として茨城県内での研究や調査が取り扱われている。そこで幾つかの社会指標により、茨城県の福祉環境について紹介したい。

二〇〇九年現在、茨城県の人口は二九六万七千人で、全国一一位、老年人口比率は二二・一%である。二〇〇五年の平均寿命は、男七八・三五歳で全国三〇位、女八五・二六歳で四三位とあまり芳しくない。要介護認定率は、制度開始時の七・四%が二〇〇九年は一三・一%に急増しているが、全国平均の一六・〇%に比較すると高くはない。県の財政は、三位一体改革により一般財源が大幅に減少し、世界的な金融経済危機の影響で財政の硬直化が進んでいる。今後は医療福祉関係経費の増加見込みに対して、財政不足が予想されている。

最後に、本書の刊行にあたり、東信堂の向井智央さんには、企画の段階から編集・校正にわたり、細やかな支援をいただいた。ここに記して心から感謝の意を表したい。

二〇一〇年一〇月　我孫子の寓居にて

松村　直道

目　次／介護予防支援と福祉コミュニティ

介護予防支援と福祉コミュニティ

第1章　分権型福祉社会と地方社会の課題

はじめに

本章では、福祉コミュニティの歴史社会的な基盤をなすと考えられる「分権型福祉社会」の最近の世界的動向、日本の社会保障改革を踏まえて、地方社会としての茨城の現在と近未来について述べてゆきたい。

最初に、一九八〇年代以降の世界的な経済成長の行き詰まり、新自由主義と小さな国家志向の中で、中央集権型福祉国家がどのように多元化・分権化しつつあるのか。第二に、低成長経済と構造改革推進の中で、日本の社会保障・社会福祉はどんな状態にあるのか。第三に、家族扶養に支えられた茨城の福祉社会はどんな問題を有し、福祉の近代化・分権化に向けてどんな対応策が可能かを、他県の例を参考に検討する。第四に、総合的福祉の形成を目指して、いくつかの調査結果を見ながら、保健・医療・福祉の三位一体型改革、地域医療の重要性を検討する。最後に、近未来において、家族扶養型福祉が崩壊の危機にあることを明らかにし、分権型茨城福祉コミュニティの形成について、課題を提示したい。

1　低経済成長下の福祉国家の多元化と分権化

(1)福祉国家の多元化と自由主義型モデルの日本

一九七三年、田中内閣は日本の福祉社会モデルとして、行政主導のイギリス型福祉国家を採用した。しかし、二度にわたる石油危機で国家財政の屋台骨が揺らぎ、この構想は挫折した。一九七九年、新経済社会七カ年計画で、個人の自助や家族の相互扶助を重視した「日本型福祉社会」構想が打ち出された。これは行政責任を縮小し、個人や家族に過大な負担を背負わせるという意味で、非福祉国家的な政策であった。

一九八〇年代は、石油価格の高騰による経済成長鈍化と税収減により、どこの国でも公共支出の削減が課題になり、中央政府主体の豊かな国づくり＝福祉国家構想が頓挫した。そこで現れたのが「福祉国家の多元化」である。その様相について、社会政策学者エスピン‐アンデルセンは、一九九〇年に刊行された著書で次のように整理している[1]。

彼は、経済的弱者に対する国家の積極的対策と社会政策の対象・階層を指標にして、自由主義的・保守主義的・社会民主主義的という、三つの福祉国家類型を提案している。

自由主義的とは、資力調査を前提とする扶助、最低限の普遍主義的な所得移転政策・社会保険制度を特徴とする国家で、オーストラリア・カナダ・日本・スイス・アメリカ等がこれに入る。保守主義的とは、歴史的に国家主義的体制、カトリック教などの保守的勢力により形成された国家で、オーストリア・ベルギー・フランス・ドイツ・イタリア等がこれに入る。社会民主主義的とは、労働運動主導による社会改良により形成された国家で、デンマーク・フィンランド・オランダ・ノルウェー・スウェーデン等がこれに入る。日本の社会政策モデルであるイギリスは、自由主義的と社会民主主義的の中間である。

(2)福祉の分権化・民営化と人間らしい労働

九〇年代になり、低経済成長の固定化で中央集権型福祉国家は行き詰まり、ポスト福祉国家=福祉国家の多元化は、市民民主主義を基盤にした政治の再創造を志向する方向で、具体的には第三セクターの積極的参加による福祉社会構想として展開してゆく。展開の方向を事例的に研究することは、日本の近未来を検討するうえで大いに参考になる。

保守主義型のイタリアでは、家族依存的な社会政策がとられ、保育サービスが家族補完的なために、カトリックの国にもかかわらず出生率は日本以下になっている。

自由主義型のアメリカでは新保守主義の下、第三セクターの代表としてＮＰＯ活動の意義が高く評価されているが、福祉問題の深刻化と州政府からの補助金減額により、福祉ＮＰＯ活動の現実はかなり厳しいといわれる[2]。

中間型のイギリスではブレア政権の下、サッチャリズムを継承する形で、福祉政策の計画・管理部門と実施・サービス提供部門を分離し（＝福祉の多元化）、法人市民参加による福祉の効率化が進んでいる。最近は、第三セクターの活性化のため、民間企業とＮＰＯの境界を越える「社会的企業」の実験も行われている。

社会民主主義型のスウェーデンでは、福祉の分権化・民営化が、財政改革と同時に市民社会の具体化という文脈の中で進んでいる。一九九二年のエーデル改革により、長期的医療ニーズをもつ高齢者・障害者ケアの責任が広域コミューン（県）からコミューン（区市町村）へと移行し、基礎自治体が福祉サービスを一元的に実施するようになった（＝ノーマライゼーションの実現）。基礎自治体の多くの公共事業は、営利・非営利の民間団体に、公共コントロールを前提にして委託されている。ここで注目すべきは、民営化による財政の効率化ではなく、地域の非営利団体への運営委託により、住民団体が「自治の主体として成長」し、委託労働を通じて「疎外された労働の回復」、「人間らしい仕事の実践」を期待するという、「市民社会的な社会組織形成への意図的期待」が根底にあることである。例えば、自治体から補助金を得て、母親主体の子育て活動が福祉労働として企画・実施されている[3]。

近未来の茨城福祉社会を構想する素材・アイデアは、国家を超えて様々な国家や地域・団体に散在しているように思われる。

2　普遍主義型福祉の時代の社会福祉改革

(1)普遍主義型福祉と総合的行政対応

一九九一年のバブル崩壊以後、日本政府は景気浮揚のための公共事業投資、不良債権を抱えた銀行再建のための公的資金投入、という当座の財政金融対策に追われ、長期的な経済社会政策が等閑視された。いわゆる「失われた一〇年」否「失われた一五年」である。この間、欧米の福祉国家は、それぞれの国情に応じて多元的・分権的な福祉政策を独自に展開し、今日に至っている。

日本の現況はどうか。二〇〇四年現在の国債発行額は七〇〇兆円に達し、地方債を含めると九〇〇兆円になるといわれる。これは国民一人当たり七五〇円の借金という計算になる。

一九八〇年以降の経済の低成長化に伴う税収減により、第二次臨時行政調査会答申を契機にして、福祉サービスの利用者負担増加、国の財政負担の地方への転嫁が始まる。社会福祉基礎構造改革は、選別主義的福祉を原型とする「戦後福祉体制」を、国民すべてを対象にした普遍主義的で近代的な社会福祉法制へと転換することを意図するものである。社会福祉事業法に代わる社会福祉法は、「福祉サービスの利用者の利益の保護及び地域における社会福祉の推進」（同法、第一条）を目的にして、①利用者の立場に立った社会福祉制度の構築、②サービスの質の向上、③社会福祉事業の充実・活性化、

④地域福祉の推進、等が目指されている。

社会福祉が選別型の時代は、福祉サービスが特定の人々や階層に限定されるために、国民の関心も相対的に低く、縦割り行政の内部で政策が決定され、財政問題はそれほど深刻化しない。しかし、すべての国民が直接的に利害の対象者になる普遍主義型福祉の時代には、国民の福祉への関心は高まり、総合的な福祉行政対応が必要になる。普遍主義型福祉の時代には、縦割りの行政主体のサービスではなく、住民のトータルな生活現実に即した総合的な行政運営が余儀なくされる。例えば、少子化対策は福祉行政の限界を越えて、労働行政さらには教育行政をも巻き込んで総合的行政へと変化している。

財政面からみても、二〇〇二年の社会保障費総額は約八三兆円で国家予算に匹敵する規模になり、その内約二〇兆円が税金、約六〇兆円が保険料である。こうした膨大な金額の負担区分と配分計画をめぐり、福祉関係者のみでなく、政府・政党・財界・労働界・自治体・国民の幅広い関心が喚起される。

(2)財政改革主導型改革と総合的な地域福祉

一九八〇年代から九〇年代にかけての社会福祉改革が「社会福祉部門内部」中心型であったのに対して、二一世紀以降の社会福祉改革は厚生労働省主体ではなく、内閣直轄の総合的重点行政へと変化しつつある。具体的には、行財政改革・規制緩和政策そして三位一体の地方分権改革の中の、社会保障部門を検証すれば明らかである。財政改革主導型で現代の福祉ニーズに対応できるのか危惧される。

核家族化・長寿化により、年金・医療・介護等の福祉サービスは、国民の生涯生活を支える不可欠の社会的サービスになった。社会福祉サービスは「個々の行政窓口が、法規に照らして合理的に対応する」福祉から、「個人・家族・地域社会という、様々な生活主体のニーズに応じて、生活福祉に合理的に対応する」福祉に転化している。

生活福祉に合理的な福祉とは、社会福祉法に照らせば「総合的な地域福祉」といえる。二一世紀の地方自治体・地域社会における社会福祉・福祉活動は利用者主体・自己決定が原則である。その際、利用者・自己は、「個」に限定せず、様々な集合生活体として構想する必要がある。

3　茨城の社会福祉構造と家族依存型福祉

(1)「豊かな茨城」が生む児童福祉の誤解

茨城県の社会福祉に対する評価は、「古くて遅れている」、「家族を大切にしている」、「近隣関係に支えられている」等、様々である。実態はどうなのか。ここでは、一九八〇年代から九〇年代にかけての政策動向と、九〇年代に実施された統計や調査から、茨城の社会福祉構造の一面を明らかにしたい。

茨城は緑が多く自然環境に恵まれているため、「青少年の生活環境は良好である」と認識されがちである。そのため、地域住民は学校でのいじめや不登校がなぜ多いのかを、理解できないことが多い。現代の子供の地域生活環境は、自然や家族に加えて、社会的な施設空間やサービスが決定的に重要である。共働き世帯のみでなく家庭で育児される子供にとって、保育所や学童保育、児童館はいまや必要不可欠な「生活空間」なのである。

一九八〇年代、茨城県は児童数の将来減少を見越して、保育所の増設抑制策をとった。しかし、現実には共働き世帯の増加に伴う要保育児童、特に乳幼児保育ニーズが急増し、サービスが充分に対応できないでいる。児童館は当時の厚生省が積極的な補助政策を展開していたが、県内市町村の行政担当者の多くはそうした「新しい生活空間」の必要性を充分に認識できなかった。現在、茨城県は児童館が最も少ない県のひとつであり、児童一人当たりの児童福祉費は全国最低水準にある。児童館は地域の子育て・親育ちのセンターだといわれる。こうした社会資源の不備と不足が、近年の親の育児不安や子供をめぐる問題の多発と、どんな関係にあるのかを検証してみる必要がある。

(2)「四六位ショック」と家族依存型福祉

高齢者福祉は、一九八九年に成立した「高齢者保健福祉推進一〇カ年戦略」いわゆる「ゴールドプラン」により、選別的な老人福祉から普遍的な高齢者福祉サービスとして発展することになった。全国三千余の市町村が独自に老人保健福祉計画を策定する中で、地方自治体の福祉水準が公開されるようになった。

厚生省の資料に基づく「老人保健福祉マップ」（六五歳以上の高齢者一〇〇人あたりの、ホームヘルプサービス・デイサービス・ショートステイサービス、いわゆる「在宅サービス三本柱」の年間利用日数を比較したもの）によると、茨城県の総合利用日数は、全国四七都道府県の中で四六位である。なぜこのように在宅サービス利用が少ないのか。「四六位ショック」を受けて、県はその背景分析調査をしている。そこで、明らかにされたことは以下の事実である。[4]

県民一五〇〇人を対象にした「在宅福祉に関する県民意識調査」の問一七、「あなたの親のいずれかが寝たきりになって、介護が必要になった時、あなたはどうしますか」の回答は、「家庭で家族で介護」二八・五%、「家庭でヘルパー等を利用して介護」五三・七%、「特別養護老人ホーム等で介護」一〇・一%であった。

「家庭で家族で介護」という回答者にその理由を聞くと（複数回答）、「親が喜ぶ」五八・七%、「家族介護は当然」四五・〇%、「家族で介護できる」二四・九%、「経済的負担が少ない」二四・三%、であった。さらに「家庭で家族だけの介護で安心できますか」と聞くと、回答は「安心できる」二二・八%、「少し不安」五四・〇%、「かなり不安」一一・一%、「わからない」九・〇%、であった。

これらの回答から、①親の期待に応える形で、親孝行という観念で介護が意識され、②親の祖父母への介護を見て、世代間介護を当然視している、③しかし、家族扶養への不安が大きい、ことがわかる。「不安であるが、家族で介護をするべきだ」。これが、アンケート調査から導き出された家族介護の平均像である。

家族介護の負担が増える中で、なぜ、外部の介護力利用が進まないのか。県内の九市町村の聴き取りから明らかになったことは、自治体の対応姿勢、職員の介護観、介護情報の不備等であった。ムラ的な住民意識のなごりが、家族介護を支えているという単純なものではないようである。

(3)鹿児島県佐多町と青森県車力村から学ぶこと

従来、福祉の先進地域は都市部や旧革新自治体であると言われてきた。しかし、国が公表した「在宅福祉三本柱」の都道府県ランキングでは、東北や九州の県が上位を占めており、都市部や旧革新自治体は中位・下位に位置している。在宅福祉の利用の高さは、旧福祉先進地域とはあまり関係がなく、地方の農村県で高い。「茨城は都市化過程にある『農村県』なので、外部の介護サービス利用が低いのは当然」という意見は誤りなのである。

茨城大学地域福祉研究会は、ランキングの上位にある農村県で、全国ベストテンに入っている町村の代表として、鹿児島県佐多町と青森県車力村を選定し、聴き取り調査を実施している。高いホームヘルプサービス利用の背景について、主な知見は以下のとおりである。[5]

佐多町の場合。①町は過疎化・高齢化への危機意識が強く、高齢者を「福祉の対象」ではなく「町づくりの主体の一人」として認識し、健康管理という視点から在宅福祉を位置づけている。②ヘルパーを中央管理の専門職と学区配置の非専門職に区分し、後者は学区内から採用し、利用者との間で心理的摩擦が生じないように工夫している。③地元に女性の就業機会が少ないため、非専門職で賃金が低いとはいえ魅力のある仕事と認識され、能力とモラールが高い。④県は、農村部の単身・高齢者世帯を支える重要な「生活支援資源」として、ヘルパーの育成・補助をしている。

車力村の場合。①村長が福祉や保健活動を、「メロンを主体とした村の農業振興の基礎」と位置づけ、メロン農家の介護支援策としてヘルパーが考えられている。②冬の寒さや出稼ぎが多い中で、高齢者の「冬の生活安全確保」という役割が期待されている。③当事者の申請に任せるのではなく、民生委員・保健婦・社協職員が連携してニーズ開発をしている。④利用料金を含めて、身近で分かりやすい福祉情報の提供をしている。

以上の二つの地域に共通して見られることは、①介護サービスを狭義の福祉と考えていない、②固有の地域政策と連動させることにより、スティグマを払拭し、利用が促進されている、③保健や福祉の関係者が、介護支援ではなく、日常生活の持続支援という広い視点を持っている、④行政が、家族や近隣社会、地域農業を支える社会資源として、在宅福祉を考えている、ことである。

茨城県内では、従来、農村社会的な性格が残存しているので、家族扶養が主体になりがちであると言われてきた。しかしこうした見解は行政や福祉関係者が、現実の県民生活の分析を怠り、古い福祉観を温存させてきた結果であるといえよう。

茨城県内でも、二地域と類似した総合的高齢者福祉を展開して、実績をあげている町村がある。介護保険が導入されて状況の変化があるとはいえ、二地域の実践を参考にして、二一世紀茨城の総合的な福祉実践を、それぞれの地域で考えてゆきたい。

補足ではあるが、茨城の介護サービス利用の低さについて、「茨城では、高齢者と子供達の近接居住率が高いので、外部サービスは余り必要ない」という意見をしばしば耳にする。これは、国が実施している『国民生活基礎調査』の中で、「高齢者の最も身近な子供が同一の区市町村内に居住している割合」を示しており、茨城県と滋賀県が全国のトップである。しかし、茨城の場合は、その約八五％が親との同居であり、正しい意味での「近住」とは言えない。「スープの冷めない距離」に住んでいる老親と子供は少ないのである。統計数値の理解は、慎重でなくてはならない。

4　総合的福祉の前提としての医療・保健・福祉の連携

(1) 茨城県民の健康意識と地域医療

人間が社会生活をするためには、第一に生命の安全確保のための医療活動、第二に生活の安全確保と健康維持のための保健活動、第三によりよく生きるための福祉活動が必要である。病気の予防とアフターケアを含めた広義の医療活動を「地域医療」と呼ぶなら、地域医療は保健と福祉を支える屋台骨である。

茨城の地域医療の主要な指標を見ると（いずれも人口一〇万人当たり）、医師数は一四四・二人（〇二年調査）で全国比四六位、病院の一般ベッド数は六四八・六（〇三年調査）で同三九位、看護師数は三九四・八（〇二年調査）で同四五位、患者の外来受療率は三、八二二人（〇二年調査）で同四六位、となっている。人的物的環境が悪いために、県民の医療機関利用がかなり制約されているようである。

こうした地域医療環境の中で、県民の健康状態はどうなのか。少し古いが一九九七年に当時の県衛生部が実施した『茨城県民の健康意識と地域医療』の中から、いくつかの調査項目を検討したい。

「現在の健康状態」では、「良い」四一・〇%、「ふつう」三九・五%、「あまり良くない」一四・九%で、約六人に一人が健康不安を訴えている。「病気や怪我の自覚症状」では、四三・二%が「ある」と答えている。「日常生活のストレスや悩み」では、「かなりある」一四・九%、「少しある」六二・六%、「ほとんどない」二二・五%である。健康対策として「食生活に配慮」している人は七九・二%であるが、「定期的に運動やスポーツをしている」人は一四・六%、「人間ドック」利用者は一七・七%に止まっている。

医療機関との関係では、「かかりつけの医師がいる」人は六一・五%であるが、二〇〜三〇代では四〇%前後に低下する。「地域の医療サービス」では「満足」が三四・四%、「不満」が二三・九%で、四〇歳以下に不満が多い。

同時に実施した診療所調査によれば、医師の五六・八%が六〇歳以上。往診を「している」医師は五五・五%いるが、県北や鹿行の往診の必要な地域で「していない」が多い。

以上のことから、構造不況の進行する九〇年代において、県民の健康不安が増大しているが、日常生活での健康管理が不十分で、医療機関利用に問題のあることが分かる。開業医の高齢化が進み、往診が難しくなり、医療サービスを受ける側と提供する側の双方に、地域医療の水準を低下させる要因があるようだ。二一世紀に入り、こうした諸要因はどのように変化しているのか、検証が必要である。

⑵三層構造としての医療・保健・福祉

先の九七年調査では県内での実態調査と平行して、農村県で成果を上げている地域医療の聴き取り調査が、岩手と長野を対象にして実施されている。茨城県の地域医療改革、福祉との連携を考える上で参考になりそうな事柄を、記してみたい。

岩手県では、ほぼ郡単位に県立病院が開設され、病院が第二次医療圏内自治体の保健センターと緊密な連携を取ることにより、充分な検診活動・健康教育が実施されている。遠野市では、市の保健センターを中心に旧村単位に分室が置かれ、そこが保健と介護活動の拠点になっている。県立病院の整備が進んだのは、県議会の多くの議員が地域医療の必要性を認識しているからだという。

長野県は、農協が経営する厚生連の公共的医療機関が、二次医療圏の地域医療に大きな役割をしている。小諸厚生総合病院の話では、病院が「病院祭り」等を通じて病院教育を行い、町村の保健センターと協働で住民の健康管理と保健予防活動をしている（坂本和夫編『医療を超えて―小諸厚生総合病院地域保健活動の実践』日本経済評論社、一九九〇年、参照）。こうした医療管理・健康教育の結果、国民健康保険料を値下げした村もあるという。寒冷地にもかかわらず、長野県の男子平均寿命が全国一であるのは、高い水準の地域医療に負う所が大きいように思われる。

筆者が個別に実施した熊本県の地域医療調査でも、①保健婦活動による地域の健康管理体制を整備した上で介護ヘルパーの充実を考える、②過疎地の公立診療所が、地域の医療機関としてだけでなく、医師の協力で地元の食材を利用した健康食品開発や有機農業を実践し、「健康を軸にしたムラづくり、健康レクリエーション基地を利用した都市住民との交流」等が行われていた。

地域医療の整備は、単に医療や保健・福祉環境の改善ではなく、都市住民の健康不安をターゲットにした、新しい産業開発、新しい地域づくりのキーワードになりつつある。

以上、三つの県の地域医療について、保健や福祉・介護との関係を見てきた。そこに共通に見られるのは、建物で言えば、一階が地域医療、二階が保健センターであり、一階と二階を整備した上で、三階の福祉・介護サービスを考えるという「発想の順序」である。医療・保健・福祉の連関、総合化された福祉とは、三層型構造として理解する必要がある。茨城では、いかにしたらこのような理念が実践可能なのであろうか。

茨城県内の総合病院は都市部に集中しているが、公共的性格の強い病院も多い。病院と診療所との連携も大切であるが、同時に自治体の保健センターや福祉・介護機関との有機的な関係作りを進める必要がある。

5　家族依存型福祉の危機と分権型茨城福祉コミュニティの可能性

(1)不安定化する地域社会と家族依存型福祉の危機

国立社会保障・人口問題研究所の推計によれば、わが国の人口は少子化の影響により、一五歳から六四歳までの生産年齢人口は、一九九五年を境に減少傾向にあるが、総人口についても二〇〇六年を境にして減少に転じるという。茨城の人口は二〇〇四年現在二九九万人であるが、国よりやや遅れて減少が始まり、二〇二〇年に二、九三三万人、二〇三〇年に二、七七四万になると推計されている。ここで注目されるのは、二〇二〇年から三〇年代にかけての急激な人口減少である。戦後六〇年間の経済と人口の右上がり現象の時代には、全く想定していなかった事態が、二一世紀の中葉にかけて起こりつつあるようだ。

ここでは、その入り口の部分に少し触れてみたい。二〇〇四年七月に実施された「県民選好度調査」(二〇歳以上の四、八〇〇人対象)の概要は、以下のとおりである。

七四・〇%の県民が茨城を「住みやすい」と評価し、その割合は五年前に比較して高まっている。しかし、「住みやすい」と評価するのは長期の定住者であり、「不便で魅力がない」ので転居したいという人も多い。社会環境の変化については、「今後の人口減少」に七一・六%が「不安」を感じており、「今後の高齢化の進行」に七九・八%が「不安」を感じている。

県民の基本生活に関する二〇項目のニーズ調査では、最もニーズが高いのが「老後の保障」、次が「雇用機会」である。これは、五年前の調査と変わらない。地域の将来像(一二項目から二項目選択)では、県民の過半数の五三・六%が「高齢者や障害者が安心して暮らせるまち」を望んでいる。ちなみに第二位は「自然環境が豊かなまち」の二七・八%である。

このように、多くの県民が雇用問題・環境問題を背景にして、当面の切実な問題として社会福祉、とりわけ老後保障に関心を抱いていることが、統計数字から確認できる。

それでは、人口減少が進む中で、茨城の少子高齢化はどのように進むのか。先に見た国立社会保障・人口問題研究所の予測は、以下のとおりである。

少子化（年少人口割合）は、二〇〇〇年の一五・四％が二〇三〇年には一一・四％に急速に低下する。この低下スピードは全国第四位である。高齢化（老年人口割合）は、二〇〇〇年の一六・六％が二〇三〇年には三〇・九％に急速に上昇する。この上昇スピードは全国第五位である。この二〇年間に、高齢単身世帯は二・二三倍（進行速度は全国第四位）、高齢夫婦世帯は二・〇倍（同三位）に増加している

二〇三〇年の推定少子化率は全国と同水準であるが、同年の推定高齢化率は全国の二九・六％を超えている。高齢者の世帯は核家族が主流になる。これらの事実から、近未来の茨城は、高齢化の急進行と他の自治体以上の進行という二重の問題を抱え、従来の家族福祉は機能しなくなると推測される。家族扶養型福祉は、危機・解体へと発展するようである。そこでは、新しい原則に沿った、行政と県民の緊密な協働が必要であるが、その協働は先進県を参考にするのではなく、独自な対応が必要であると思われる。

(2)分権型の茨城福祉コミュニティの可能性

以上、多元的分権型福祉国家から茨城の家族依存型福祉の危機まで述べてきた。これらの議論を踏まえて、最後に検討素材としての分権型福祉コミュニティの可能性について、私見を述べたい。

最近、市町村合併により基礎自治体の範域が拡大しているが、小学校・中学校等の「学区」が、基

礎的生活空間であることに変わりはない。西欧の分権型福祉社会やスローライフ運動等を見ると、日本の学区社会は分権型福祉コミュニティの基礎単位として再認識すべきだと思う。

国の政策を見ても、ゴールドプランでは人口一万人（＝学区に近い）を単位に施設整備を考えていた。介護保険関係施設の小規模化も、学区社会というコミュニティを受け皿として、有効性が発揮できる。茨城県の地域ケアシステムのユニットも中学校区であり、社会福祉協議会の多くの支部は小学校区が単位である。

生活する主体の住民から考えると、誕生して死を迎えるまで、教育や福祉の多くのサービスは学区社会で提供されてきた。生涯にわたって人々は広域的に移動するとはいえ、今後の少子化の進行の中で、人々は生を受けた地域に回帰するようになるだろう。学区社会が生命を生み出し育て、老後と死を準備し迎え入れる基礎空間になるであろう。

その際、分権型茨城福祉コミュニティとして育つためには、従来のように地理的空間として学区を捉えるのではなく、人々の様々な集団活動・組織活動そして「たまり場」等の集合として、「広義の生活福祉活動を展開する、意欲的な人々のネットワーク」として、再認識する必要がある。

現在、すべての自治体で地域福祉計画が策定中であるが、東海村の計画のように学区社会が重視され、そこでの住民による議論の積み重ねが必要である。これからの自治体の総合計画は、成熟化社会という基調の中で、ハード中心計画からソフト中心計画、すなわち、「学区を単位にした小地域の教育・福祉活動計画の集合体」へと転換しつつある。その意味で、地域福祉計画の策定は新しい総合計画の一部である。地域福祉計画の策定活動を通じて、住民・福祉関係者・行政職員が、分権型茨城福祉コミュニティの内容を考えてゆく必要がある。

注

1　訓覇法子『アプローチとしての福祉社会システム』法律文化社、二〇〇二年、第五章。
2　須田木綿子『素顔のアメリカＮＰＯ』青木書店、二〇〇一年、第三章。
3　池本美香『失われる子育ての時間』勁草書房、二〇〇三年。
4　茨城大学地域福祉研究会『在宅福祉に関する調査研究』茨城県、一九九五年、第四章。
5　松村直道『高齢者福祉の創造と地域福祉開発』勁草書房、一九九八年、第六章。

第2章　高齢者の生活スタイルと近隣居住

第1節　自立した高齢者の生活スタイル

はじめに

二一世紀の自立した高齢者の生活スタイルを考える前に、日本社会の転換期、その中で崩壊し変貌しつつある高齢者の生活の現状について、簡単に触れてみたい。

三世代家族中心の伝統的な高齢者生活が崩れてゆく契機は、一九六〇年代の高度経済成長政策である。当時、若者が都市に流出した結果、世代間の地理的な分離により、高齢者は地方社会に取り残される結果になった。七〇年代の半ば以降、経済が低成長に転じた後も、生産性を重視し、若さに価値をおく現代産業社会の中で、高齢者が保持する伝統的な価値や行動様式は軽視され、社会からますます疎外されるようになった。

しかし八〇年代以降、保健や医療・福祉だけでなく、生きがいや社会参加、就労等の領域で様々な政策が実施されるようになり、〝高齢者は肉体的にも精神的にも弱者で無能力者である〟といったステレオタイプ的なイメージは修正されつつある。

最近の高齢者を見ると、現役を退いた後も嘱託や他の形で、蓄積した能力や技術を活かそうとする現役志向が強い。生涯学習や海外旅行などを通じて、余暇を生産的に活用し健康を保持しようとする、新しい生活スタイルも増えている。

しかしそうした意欲にもかかわらず、生産と効率至上主義的な日本の企業社会では、多くの場合、高齢者は単純労務や3K的な仕事を余儀なくされ、自分の独自性を発揮できないでいる。余暇活用においても、日本人は活動の中に、何らかの有形無形の価値や成果を期待するのが一般的であり、「時間的にも空間的にも空虚になる」という、本来の余暇の意味を理解していないと言われる。そのため、余暇を苦痛に感じる高齢者も多い。

１　インターネット社会の老い

Ｃ・オリヴェンシュタインが『老いのレッスン』[1]の中で、現代の中高年がもっている「骨肉体化されたリアルな経験」の意義と重要性について、興味深い話をしている。少し長いが引用してみたい。

「現代社会はそれぞれの世代の役割を変えてしまった。技術改革で今や有効な知識――コンピューターやインターネット……――を所持しているのは若者たちである。その若者たちもあっという間に年を取り、改革からすぐに取り残されていくのだ。

知識を握る役が老人になっていたのは、もう過去のこと。しかしそれでも老人は、経験という点で誰にも置きかえられない場所を占めている。なぜなら彼らは、次々に怒濤のようにあらわれるファッションをその目で見てきた。前衛が、天才的な発明があっという間に追いつかれるのを見てきた。この経験から、彼らはいろいろな状況を関連づけられるようになっている。稲妻のような急上昇を少し愛し、少し楽しむ視線で見ることができる。

彼らは人類のドラマの苦しみを知っている。もう何も制作できなくなった人間の鬱状態、失業の恐怖、小さなミスが重大な失敗になって予定より早く追放された人間の悲劇を知っている。競争に身を投げる者たち以外は、生きるのに必要な平均点をその身で実践している。現代的な道具を使ってはいても、それに狂信的になってはいない。彼らはまだ読む楽しみを知っている本の世代、バーチャル・イメージより現実のイメージのほうを好む」。

生活スタイルとは通常、ある人の習慣や生活目標によって方向づけられ、その人の生活集団の中で能動的に営まれる生活意識と行動が様式化されたもの、として理解される。その際、引用の中で説明されている「骨肉体化されたリアルな経験」は、生活スタイルの根底を成すだけでなく、老後生活の知恵の源泉でもあり、高齢者による自己決定、セルフケアという主体的な行為にアイデンティティを付与するものでもある。

新しい生活スタイルを考察する場合、当事者が歴史的に内面化してきた経験の質を常に意識することが大切と思われる。

2　新しい生活スタイルの萌芽

日本では、高度経済成長期に経済機構の近代化は重要政策として進展したが、社会生活の機構とりわけ家族のライフサイクルや高齢者の生活スタイルの近代化は、私的な問題としてほとんど考慮されなかった。そればかりか公的な社会保障費を節約するために、旧来の家族内扶養の伝統を活用する政策として、一九七九年には日本型福祉社会論が登場した。そのため、急速な高齢化にもかかわらず、虚弱な高齢者の福祉サービスを外部化・社会化しようという努力が遅れた。

日本の社会では、儒教的な考えに基づき、実年齢を基準にして高齢者をステレオタイプ的に尊敬するという文化が続いてきた。しかし価値観の多元化した現在、それぞれの世代、また同一世代内でも個々人が年齢にこだわることなく、各自の考え方に従って個性的に行動するようになっている。

こうした状況を見ると、高齢者も年齢を意識することなく、各自の責任で自由に活動できるような文化的な風土が必要になってくる。人々が相互に年齢を意識しないで交流できるエイジレス社会の考え方が広まり、そうした中で高齢者が一人の高齢市民として充実した生活を楽しめる、プロダクティブ・エイジングの生活スタイル形成が望まれる。

新しい生活スタイルを確立するには、高齢者には日常的に次のようなことが必要であろう。

第一に、三世代家族や高齢者クラブを中心にした従来の敬老的な規範から一歩前進して、一人の高齢市民として、自分にふさわしい生活スタイルを追求することである。ここで話題となるのは近隣居住型家族やネットワーク型家族の可能性である。

第二に、生活の快適さは、時間や空間、経済的な安定が大切だとは言え、それだけでは充実した生活にはならない。心豊かな生活をするには、人生の成熟期である老後を自分なりの生活原則や信念に基づき、どれだけ行動できるかである。そこでは意欲的な活動の中味が問われることになる。

第三に、後期高齢者の生活スタイルは、長期化する老後や寝たきり、痴呆性老人になることへの不安がつきまとう。ここでは自分なりの自助努力に基づき、保健や福祉サービスを効果的に利用しながら、いかにして健康寿命を維持するかが関心の的になる。

以下、これら三つの事項を軸にして、転換期にある高齢者の生活スタイルに触れてみたい。

3 近隣居住型家族の増加とネットワーク型家族の可能性

日本の社会では、伝統的に高齢者は子供や孫と同居するのが当然であり、それが幸福な老後であると思われてきた。しかし、高度経済成長期以降、三世代家族は毎年減少し、それに代わって高齢者世帯や高齢者単身世帯が増えてきた。

厚生省が毎年実施している国民生活基礎調査によれば、六五歳以上の高齢者の子供との同居率は、一九八〇年の六九％に対して、一九九八年は五〇・三％に減少している。二一世紀には子供と同居する高齢者は明らかにマイナーになり、子供との同居を暗黙のうちに当然・理想視する現在の高齢者観は、転換を余儀なくされるだろう。子供のいる高齢者のうち、子供が同一敷地・近隣地域・同一市区町村内に別居して住んでいる割合（ここでは近住率と呼ぶ）を国民生活基礎調査から再構成すると、一九八六年一七・九％、一九九二年二二％、一九九八年二五・五％であり、近住率は最近急上昇している。特に近隣地域と同一市区町村内の伸びが大きい。今や四人に一人の高齢者が近隣居住型家族になっているのである。

最近、高齢単身世帯の聞き取り調査で感じることは、心理的にも孤独でなく、人間関係的にも孤立していない、独立心の旺盛な高齢者が増えていることである。子供や家族から一方的に援助され扶養される依存型生活スタイルから、近隣の家族との交流を保ちながら、様々な人々と相互に交流し支え合うような、ネットワーク型の家族生活を楽しむ高齢者が今後は増えてくるだろう。

4　社会参加型余暇から自己実現型余暇を求めて

行政による生涯学習の振興、生きがい活動やボランティア活動の隆盛により、一九八〇年代以降、いわゆる高齢者の社会参加型の余暇活動が増えている。しかし、それらの多くは、社会的に孤立したり役割をもたない高齢者に社会参加の機会を与え、社会奉仕などを通じて他者から必要視されることにより、主観的に生きがいを見いだすことに留まっているようだ。〝社会参加〟と言うと聞こえはよいが、現実には高齢者独自の価値を顧みようとしない現代の産業社会に、高齢者が参加＝巻き込まれている場合が多いのではなかろうか。

一九九六年の総務庁の社会生活基本調査から、六〇代後半の一週間の余暇時間を見ると、男が八時間一二分、女が六時間五〇分で、最近二〇年間の変化は、男が五三分の増加、女が三分の減少で、かなりの性差がある。このうち、学習・趣味・スポーツ・ボランティア等の積極的余暇活動は男が一時間二六分、女が五八分で必ずしも多くはない。しかし、その内容や性格は、かなり変化しているようだ。

電通が一九九九年の一〇月に、首都圏の高齢者を対象に実施したライフスタイル調査は、四つの行動様式を示しながら、新しい高齢者の出現を強調している。

第一のタイプは、のんびりテレビを見ることが多い、年金が老後を支えてくれる、着るものは地味、苦しい時には神仏にすがりたい、等の意識や態度をもつ高齢者で、これは「清く正しく保守堅実型」

とネーミングされている。

第二のタイプは、体を動かし鍛えている、趣味の仲間が多い、ボランティア活動に参加している、地域行事に積極的に参加している、等の高齢者で、「地域で活躍する地元世話役型」。

第三のタイプは、お金より友人に恵まれた生活、家は都心部より郊外がいい、ハイキング・軽登山が好き、等の高齢者で「自然を愛し勉学に努める自己研鑽型」。

第四のタイプは、団らんの場より各自の部屋が優先、衣類にお金をかける、余暇は散歩やスポーツを楽しむ、等の高齢者で、「子孫に美田を残さない楽天行動型」。

ここで、第三の自己研鑽型と第四の楽天行動型を「高齢新人類」と名付け、団塊の世代が六〇歳を超えるようになる一〇年後には、高齢新人類がさらに拡大し、このグループが超高齢社会の象徴的な存在になるだろうと、電通の調査は予測している。

「高齢新人類」という表現は、高齢者自身が高齢期それ自体に、積極的な価値を見いだすことを暗示している。こうした高齢者の生活スタイルの中に、自己実現型の余暇観が着実に育っているように思われる。

5 セルフケアの可能性と「健康日本21」計画

新しい生活スタイルは、家族形態や余暇活動の中に具体化されるが、高齢者の新しい生活を支えるには、健康に対する新しい態度や姿勢も必要になる。

一九九八年度の国民生活基礎調査によれば、健康状態が「よい」と回答している人は二七・五％で、九五年に比較して六・二％減少している。六五～七四歳の年齢層では男一八％、女一二・九％で、八〇歳を超えると自己評価は一〇％前後に低下している。

これまでの国の健康づくり施策を見ると、一九七八年に始まる第一次国民健康づくり対策は、成人病の早期発見を目指したものであり、検診を中心にした壮年期からの健康づくりが行われた。一九八八年からのアクティブ80ヘルスプランでは、生涯にわたる一次予防を推進する立場から、日常的な運動のために健康増進施設や健康運動指導者の養成が行われた。この計画では健康づくりの主体として国民の自発的意思を重視し、施設整備の中心を市町村に下ろした。しかし、施設の整備や人材の育成が行われた割には、国民の生活習慣の改善が進んだのか否か、問題は多いようである。

この点で二〇〇〇年の二月に発表された「健康日本21」は大変興味深い。冒頭で「これは、自らの健康観に基づく一人ひとりの取り組みを社会の様々な健康関連グループが支援し、健康を実現することを理念としている」、この理念に基づき「健康に関わる具体的な目標を設定し、十分な情報提供を行い、自己選択に基づいた生活習慣の改善および健康づくりに必要な環境整備を進める」としている。

生涯を通した健康課題のうち、高年期の課題については「支援は、主として地域や保健医療福祉の専門家によるものが中心になる。この時期は、多少の病気や障害を抱えていても、生活の質を維持し、豊かに暮らすことができるよう自ら試みることが重要である。そのためには、社会との交流をはかり、何らかの社会的役割を持つことが大切である。人生に取り組む姿勢が身体的な健康にも影響を与えるといわれている」と述べている。

高齢者の健康問題を、全人格的な視点、社会行動的な広い視野から見ていることは正しい。しかし、高齢者が健康づくりの主人公として、セルフケア・セルフヘルプの考え方を身に付け、自らの健康を自ら改善するように動機づけるにはどうしたらよいのか。この課題は、依然として残っているようだ。これから健康日本21を参考にして、全国で地域特性を活かした地域計画が策定され実施される。二一世紀の高齢者の生活スタイルを多様で豊かなものにするため、これらの健康づくりに期待したい。

第2節　定住生活の変化と高齢者親子の近隣居住

はじめに

最近、高齢者に関する様々な調査の中で感ずることは、高齢者の生活システムや生活態度が急速に変化し、多様化していることである。社会の関心は、後期高齢者の増加に伴い、どちらかといえば、介護や看護を必要とする要援護高齢者の生活や福祉サービスのあり方に集中している。

確かにこの問題は急を要する課題である。しかし、約九割の高齢者は、何らかの慢性的な疾患をもちながらも、通常の家庭生活・地域生活を送っている。こうした高齢者が、可能なかぎり健康な生活を地域社会の中で送ってゆくためには、彼らがどんな社会的諸サービスを利用しながら、自助的生活が可能であるかを考える必要がある。

しかし現実には、高齢者を受け身的な存在と前提し、心身の虚弱な後期高齢者にはどんな保健福祉サービスを提供し、活力のある元気な前期高齢者にはどんな社会参加や学習の機会を設定したらよいか、といった議論がなされている。筆者は、二一世紀の高齢社会は、高齢者を受け身的な存在ではなく独立した一人の高齢市民として、また敬老の対象や家族の一員というより、地域社会の一員として可能なかぎり社会的な役割を担ってゆく存在として認識することが重要であり、今こそそうした発想の転換が必要であると考えている。

したがって、現在は生活主体者としての高齢者の生活を見直し、生活実態に対応した社会的役割や福祉的サポートを再構築する時期にきていることがわかる。本節では、高齢者と子供との親子関係を、家族内同居を基準にした「同居・別居」という発想ではなく、地域社会空間内での親世代と子供世代の近隣居住関係（以下では「近住」と略す）を中心にして考察を進めたい。最初に「近住」を議論することの意義、次に近住率の全国的な動向、最後に近住率が最も高い茨城県について、その背景と長所・短所をみてゆきたい。

1　親子「同居」から、親子「近住」へ

日本の社会では伝統的に儒教的な倫理観にしたがって、高齢者の生活は子供を中心にした身近な親族による扶養の中で行われ、それが当然のものであり、そうした敬老精神を媒介にした親子同居こそが、老親にとっても子供にとっても、幸福で好ましいものと想定されてきた。

しかし、高度経済成長期以降の急激な社会変動の中で、世代間の家族分離、家族の小規模化が進行し、周知のように、老親の家族内扶養の前提である三世代家族の割合は年々減っている。それに代わって高齢者世帯や高齢単身世帯が急増している。

後に触れるように、高齢単身世帯の調査や聴き取りをする中で感じることは、心理的にも孤独ではなく人間関係的にも孤立していない、独立心の旺盛な高齢者が増えていることである。空間的に離れた親族との交流を保ちながらも、近隣や集団活動への参加を介して、多様なネットワークの中で生活を楽しむ高齢者はこれからますます増えるであろう。

安達正嗣氏は、より積極的・能動的な高齢者像を含意した「社会的ネットワークの視点」について、「いかに高齢者自身が家族や親族との交流を含んだライフスタイルを主体的に選択しながら営んでいるのか、ということを明らかにするためにも、重要な視点といえるのである。子やその家族によって一方的に援助を受けて扶養されている高齢者像だけではなく、様々な人々と相互に交流しあい支えあって

いる主体的な高齢者像といった多様な側面も明らかにしえるであろう」と述べている。[2]
以下で問題にする親子の近住と上記の社会的ネットワークの関係は、一方が生活空間、他方が人間関係を分析するという視座の差異はあるが、高齢者家族を起点とする生活の広がりの中で、新しい高齢者生活像を見いだしてゆこうとする点では類似している。

2 近住率の最近の動向と社会的生活

毎年実施される「国民生活基礎調査」では、六五歳以上の高齢者の子との同居別居状況を、三年ごとに調査している。以下ではこの調査項目に着目し、「子供あり」の調査対象者の内、「子と同居」、「子と別居」の細分類中の「同一家屋・同一世帯」と「近隣地域」と「同一市区町村」の合計四つの選択肢に属する高齢者を、「近住」と定義し、その比率を近住率と呼ぶことにする。

近住率の考察に入る前に、一九八〇年から一九九八年の一八年間に、六五歳以上の高齢者が属する家族の変化を見ると次のようになる。

「ひとり暮らし」は八・五％から一三・二％に一・六倍の増加、「夫婦のみ」は一九・六％から三二・三％に一・六倍の増加、「子と同居」は六九％から五〇・三％へと〇・七倍に減少している。全体としての高齢者数の増加により、「子と同居」の実数は増加しているが、構成では減少し、「ひとり暮らし」と「夫婦のみ」の増加は著しい。このように「子供がいない」または「子供と別居している」

高齢者が増加しており、この傾向が今後は強まると予測される。近い将来は「子と同居」が高齢者のみの世帯を下回ることも予想され、現在の同居を中心にした高齢者生活のイメージは、早急に転換が迫られる事態にある。この問題はかなり大きな課題であるので、本節ではさしあたり「子供あり」の高齢者の内、「同居を含めて、同一市区町村の中に子供がいる」高齢者の割合、すなわち近住率を考察することになる。ここで想定される「新しい家族像」とは、親族とのゆるいネットワークを保ち、近隣とも交流し、主体的に社会参加活動をしたり、福祉的サポートを活用する高齢者である。

図表2－1から、近住率の最近の動向を見ると、一九八六年が八八・三％、一九九八年が八三・一％で、五・二％減少している。主な原因は「子と同居」が一二・九％も減少していることにあるが、「近隣地域」が三・六％、「同一市区町村」が三・〇％増加していることにも注目したい。つまり、子供との定住関係が、同居から近接別居へと移動していることがわかる。他方、この表には示されていないが、同一市区町村以外の地域に住んでいる子との遠距離別居が増えていることを付言しておきたい。

図表2－1　近住率の最近の動向

（％）

	近住率	子と同居	同一敷地	近隣地域	同一市区町村
1986	88.3	70.5	3.7	6.2	7.9
1989	86.2	65.4	4.2	7.4	9.2
1992	85.9	64.0	4.2	8.1	9.6
1995	84.0	62.8	4.1	7.6	9.6
1998	83.1	57.6	4.7	9.8	10.9

出所：『高齢者をとりまく世帯の状況――国民生活基礎調査報告』1998年、50頁の図3から再構成。

図表２－２　年齢階層別の近住率

（％）

	近住率	子と同居	同一敷地	近隣地域	同一市区町村
65 ～ 69 歳	78.7	50.8	4.8	10.8	12.3
70 ～ 74 歳	81.3	53.3	4.9	11.1	12.0
75 ～ 79 歳	84.6	59.9	4.9	9.2	10.6
89 歳以上	91.0	72.1	4.0	7.2	7.7

出所：『厚生の指標』1999 年、52 頁の表 47 から再構成。

次に**図表２－２**から、年齢階層別の近住率を見ると、ほぼ八〇歳を境にして、近接別居が減少、子と同居が増加し、結果として近住率が上昇している。これは後期高齢者になると、配偶者の喪失や要介護者が増え、高齢者の生活力が低下するためと思われる。他方八〇歳以上の世代では元来同居率が高かったということもあるようだ。

最近の調査研究によれば、持ち家の形態が一戸建てからマンション等の共同住宅へと変化し、住宅の狭さや洋風化の中で高齢者が同居できず、近接別居の形態をとる傾向にあり、こうした傾向は今後増えるようだ。また、世代間の生活様式や意識のズレ、老親世代の経済的自立化により、夫婦が健康な間は近接別居が望まれている。さらに、前期高齢者の子供は平均二人であり、長男の親扶養意識も変化しており、親世代の教育歴が長くなるにつれて、情報収集や判断能力が高まり、自立意識も高まるといわれる。[3]

このように高齢期というライフステージの生活構造・生活意識は、急速に変化しつつあり、この側面からも、高齢者生活を客観的に把握するために、社会的ネットワーク・近住空間への着目が要請されているようだ。

最後に、**図表2-3**から都道府県別の近住率を見ると、上位五地域は、茨城九一・七、滋賀九〇・七、群馬九〇・四、静岡九〇・〇、栃木八九・九で、北関東地域が多いのが特徴である。逆に下位の五地域は、鹿児島六九・六、大分七三・四、山口七五・九、広島七六・三、北海道七七・二で、九州・中国地域に集中している。

表には示さないが、近住率の高さは「子と同居」率の高さによりほぼ決定されているようである。参考までに、「子と同居」率の上位五地域を示すと、山形、滋賀、秋田、茨城、栃木であり、下位の五地域は、鹿児島、北海道、東京、宮崎、大阪となっている。

「子と同居」率が高い地域では、子供世代による老親介護の許容力が高いために、社会的要因を無視すると、訪問介護等の家族外からの在宅福祉サービスの必要度が低下し、利用率も一般には低下する。

図表2-3　都道府県別の近住率

(%)

茨木	91.7	宮城	88.8	三重	85.3	長崎	82.3	東京	80.1
滋賀	90.7	山形	88.8	神奈川	85.1	香川	82.1	北海道	77.2
群馬	90.4	福井	88.4	長野	85.1	島根	82.0	広島	76.3
静岡	90.0	秋田	88.3	千葉	84.5	和歌山	81.8	山口	75.9
栃木	89.9	富山	88.3	山梨	84.5	愛媛	81.7	大分	73.4
福島	89.7	新潟	87.0	鳥取	84.2	大阪	81.2	鹿児島	69.6
岐阜	89.5	石川	87.0	岩手	83.8	熊本	81.2		
青森	89.4	奈良	86.8	徳島	83.8	岡山	80.8		
埼玉	89.0	京都	86.1	佐賀	83.5	宮崎	80.7		
愛知	89.0	沖縄	86.0	福岡	82.3	高知	80.6		

出所：『高齢者をとりまく世帯の状況――国民生活基礎調査報告』1998年、162頁の表15から再構成、兵庫県を除く。

したがって**図表２－４**は図表２－３に比較して、逆相関に近い関係が見られる。

近未来を展望すると、近住率に占める「近隣地域」と「同一市区町村」の寄与率に関心が持たれる。前者の比率が高い上位の五地域は、大阪、京都、鹿児島、沖縄、宮崎であり、後者の比率が高い上位の五地域は、鹿児島、北海道、京都、長崎、愛媛である。

これらのデータから判断すると、近住率の内容は一義的なものではなく、各地域の社会文化的な性格を反映して、きわめて多様であることがわかる。したがって地域社会を類型化した上で、近住率を考察することが必要であると思われるが、本節では問題提起に止めておく。

3　茨城県は、なぜ近住率が高いのか

図表２－３によれば、茨城県の近住率は都道府県第一位であり、その構成は「子と同居」七八・〇％、「同一家

図表２－４　都道府県別の訪問介護（ホームヘルプサービス）利用状況

鹿児島	209.3	佐　賀	157.4	兵　庫	124.8	福　岡	109.3	愛　知	85.3
和歌山	196.2	大　分	157.1	秋　田	124.4	三　重	107.0	山　梨	76.3
鳥　取	180.9	神奈川	156.4	山　口	120.8	北海道	102.2	栃　木	72.0
青　森	178.7	徳　島	147.5	沖　縄	119.9	群　馬	97.6	埼　玉	70.5
宮　崎	172.0	長　野	137.2	福　井	119.8	山　形	95.5	静　岡	63.2
島　根	162.4	岐　阜	137.1	宮　城	117.0	岡　山	95.1	茨　城	63.1
東　京	161.0	熊　本	132.7	大　阪	115.1	奈　良	93.2	千　葉	59.0
京　都	159.0	新　潟	131.8	岩　手	113.4	富　山	92.7		
愛　媛	158.3	滋　賀	131.1	石　川	112.0	福　島	90.2		
高　知	158.3	長　崎	126.3	香　川	110.9	広　島	89.2		

注：「利用状況」とは「高齢者100人当たりの年間利用日数」である。
出所：『平成９年版、老人保健福祉マップ数値表』77頁の第２表を再構成。

屋・同一敷地」三・六%、「近隣地域」三・九%、「同一市区町村」五・八%である。

先に述べたように、近住率という視点の意義は、家族という狭い血縁空間の中で高齢者を受け身的に考え、扶養するという前近代的な発想を離れて、高齢市民の個としての能動的な生活空間と行動に焦点を置く所に意義がある。したがって、同居率の高い茨城を素材にするより、近隣別居率の高い北海道や鹿児島を素材にしたほうがよいかもしれない。

しかし、茨城の近住率が高い背景には、単に子との同居率が高いだけではなく、同一市町村以外の「その他の地域」での、いわば「遠距離別居」率は全国最低であり、六五歳以上の高齢者の「子供なし」率は滋賀県に次いで全国第二位と低い。つまり、茨城県の近隣別居の持つ意味は数値以上に重みをもっており、考察の意義はそれなりにあるといえる。

茨城県の南部と北部では地域の性格がかなり異なる。南部地域は東京の通勤圏に属し、住宅開発が著しく新住民の若年核家族世帯が多く、高齢者比率は低い。したがって都道府県単位の統計では、近住率の社会的背景を説明しにくい。そこで以下では、茨城県北部を中心とした筆者の調査研究に基づき、事例中心の説明をしたい。

茨城県の近住率、とくに同居率が高い第一の要因は、宅地および家屋の広さであり、老親と子供世代が同居できる生活空間が確保されていることである。

第二は、高度経済成長期における電気産業の下請け・孫請け・納屋工場の創設、大規模な公共土木工事の受注にともなう小零細・農家兼業型の自営業の増加、農村工業導入やスーパーマーケットの新設に伴う女性の就業機会の増加等により、裾広がり的な労働市場が形成され、近隣社会での就労が可能になったことである。このことにより、次三男が近隣社会で就労する比率が高まり、中小零細企業の場合は、転職の機会も少ないので、実家に近い地域で長期に就労することになる。彼らは結婚等を契機にした実家からの宅地贈与により、親子の近住が確保されるようになる。未婚女性・既婚女性も近隣社会における就労生活の中で、狭い婚姻圏を媒介にして、ほぼ同様な結果になるようである。

第三は、家族規範としての家産の重視、「イエ」意識が強く残存しており、実家を離れた後継者・長男も、一定の時期になると実家に戻り家産を継承するという慣行がある。そうした慣行を通じて、親子の同居率が減少しないようである。

4　近住率の高さ、そのプラスとマイナス

近住率が高いことは、高齢者生活にどんなプラスとマイナス面があるのか。これに関しては適切な資料がないので、一九九五年に筆者が実施した水戸市Ｓ学区の単身高齢者調査を参考にして考察したい。

この調査はＳ学区のひとり暮らし高齢者全員を対象にした。回答者の主な属性は女性八五・八％、最多頻度年齢層は七五～七九歳で三一・七％、近住率は六〇・四％で単身世帯としてはかなり高い。

この地区の高齢者は元家族自営の商人や公務員が多く、彼らの子供も同様な職種の人が多く、市の

郊外の公営住宅や民間分譲の持ち家に居住し、近住の形態をとるものが多い。六割の人が週一回以上の交流をしており、八割の人が子供たちから「大切にされている」と回答している。

プラス面の第一は、近住率との因果関係は不明であるが、①老人クラブに参加四二・五%、同参加したい三〇・八%、②スポーツ活動に参加二四・二%、同参加したい二五・〇%、③奉仕活動に参加二五・八%、同参加したい二七・五%、④文化行事に参加四三・三%、同参加したい三八・三%等の回答があり、多様な集団活動・行事への参加と高い参加意識がうかがわれることである。

第二は、高い社会参加と意欲を背景にして、毎日の生活で孤独を感じることが「ある」は六・七%、「ときどきある」は二四・二%で、単身高齢者の孤立と孤独はほとんど解消されているようだ。

第三は、健康状態が「良好」は八〇・〇%、生活満足度は九一・七%で、現象的には親子の交流関係を内包した近住関係の中で、単身高齢者の健康な生活が営まれているようである。

同居率の高い郡部や旧市街地では、冠婚葬祭の行事が温存され、高齢者クラブの組織率が高く、昔ながらの講の活動も見られ、親族関係や地縁関係の温存に近住率の高さが寄与していると思われるが、これ以上は触れない。

最後に近住率のマイナス面について考察したい。近住率の高さそれ自体がマイナスの問題になることはないと思われるので、ここでは同居率の高さに視点を移して、それが在宅福祉サービスの利用を疎外している問題に触れたい。

先の図表2-4によれば、茨城県は千葉県に次いで訪問介護サービスの利用率が低い。利用率が低いのは需要が少ないのではなく、家族内介護依存型の意識が老親との同居関係の中で温存されているためである。

茨城大学地域福祉研究会が一九九四年に実施した『在宅福祉に関する調査』では、二八・五％が家族だけで老親を介護したいと回答しており、その主な理由は「親が喜ぶ」、「家族介護は当然」、「家族で介護できる」となっている。ゴールドプランの実施以降、さすがに「お上のご厄介になりたくない」という考えは少なくなったが、世間体や儒教的敬老観を前提にした家族内介護の考え方は根強い。

その背景として、茨城の郡部では家族規模が比較的大きく、家族内に介護要員がいること。先に見た労働市場の裾広がり的な構造により、例えば、パート就労の嫁が姑の介護のために一次的に仕事を止めて介護に従事しても、介護が不要になった時に再び仕事に復帰することが可能である。家族員が多就業の形態をとっている世帯が多いので、嫁が一次的に失業しても家計には問題が生じない。嫁による介護は、子供と老親にとって、敬老精神を共に満足させることになるようだ。

訪問介護の利用率が最も高い鹿児島県では、家族の構造、地域労働市場の狭さ、別居子女の空間的な配置等において、茨城とは対照的な構造が見られる[4]。

おわりに

以上、老親と子供の「近住」関係に着目し、二一世紀の高齢者の自立した生活を展望しながら、全国と茨城の現状を考察したが、資料等の不足、また茨城における近住をめぐる理念と現実のかい離もあり、十分な議論の展開には至らず試論的な段階に止まった。

筆者は、自立した高齢者生活とそのネットワーク、高齢者の社会的なサポートシステムは、今後、小学校区や基礎自治体を範域として整備すべきであり、親族や地域住民との緩やかな近住関係、社会資本の整備された近住空間を基礎にして、これからの高齢者生活のパラダイムは構想されねばならないと考えている。しかし現実には公的介護保険の実施に伴う民間企業の参入、それに伴う公的セクターのサービス縮小により、近住空間の歪みが生じかねないとも思われる。

時代の転換期にあって、高齢者の生活スタイルをどう構想するのか。その戦略的概念として「近住」関係・空間は意味があるように思われる。

注

1　C・オリヴェンシュタイン『老いのレッスン』紀伊國屋書店、一九九九年、一九九～二〇〇頁。

2　安達正嗣「高齢者世帯と家族・親族ネットワーク」野々山久也・袖井孝子・篠崎正美編『いま家族に何が起こっているか』ミネルヴァ書房、一九九七年、一二八頁。

3　『二一世紀・高齢社会における都市市民の生活環境に関するモデル調査研究報告書』エイジング総合研究センター、一九九七年、第二章の北九州市分析を参照。

4　松村直道『高齢者福祉の創造と地域福祉開発』勁草書房、一九九八年、一三二頁。

第3章　地方社会における介護保険の運営

第1節　中山間地域における介護保険料の低廉性

はじめに

二〇〇〇年の四月に介護保険がスタートしてから一年以上が経過し、様々な批判と評価が福祉関係者から出ている。要介護認定システムへの疑問、ケアマネジャーの多忙性、選択の余地がない居宅サービスの不足、サービス利用をめぐるトラブル、一割の自己負担の過重性、低所得世帯の介護保険料支払い能力問題等、あたかもパンドラの箱の様相を呈している。

こうした事態を背景にして、最近は「走りながら考える」のではなく、「転びながら、介護保険のあり方を考える」といった揶揄的表現が流布しているが、これは介護サービス利用者のおかれた現実を無視した、安易な態度と言えよう。

介護保険料については、周知のように介護保険制度創設への国民の不安を除去するという政策的な配慮から、一九九五年段階では第一号被保険者の全国平均基準月額は約二千五百円という数値が当時の厚生大臣から示されていた。その後、全国の市町村ごとに基準額の試算が行われ、三千円以上の自治体が続出し、民間機関の調査によれば、自治体間の保険料格差は五倍以上になることが判明した。

二〇〇〇年の三月、各市町村議会で正式に決定した基準金額は、全国平均で二千七百九十七円、最高は四千四百九十九円、最低は、一千五百三十三円と言われ、格差は約三倍になっている。同じ日本国民でありながら、居住する地域の相違によりこのような負担格差があるのは制度的に大きな問題である。しかし以下では、なぜこうした事態が発生したのか、その社会的な背景と現実はどうなのかを、法社会学的な視点から議論してみたい。

筆者はここ数年、茨城県内のいくつかの自治体の老人福祉計画実施状況の調査をしており、県北部の在宅サービス低利用地域の一つがたまたま一千五百三十三円という基準金額を条令で決定した。以下ではこのA町について、聴き取り調査に基づき述べていきたい。

1　低廉性を規定する二つの側面

なぜ介護保険料が当初の予想よりも低下し、A町のようなケースが生まれたのか。そこには、保険料の算定方式、自治体の社会的性格という二つの側面があるようだ。

保険料は介護保険法第一二九条三項によれば、保険給付に要する費用、財政安定化基金拠出金費用、都道府県からの借入金償還費用、保健福祉事業の費用、第一号被保険者の所得分布、国庫負担等の額を主体に、三年間の財政均衡を考慮して、設定することになっている。ここで大きな割合を占めるのは、保険給付に要する費用の推計であり、その推計方法である。

多くの自治体が採用した推計方法の概要は、最初に高齢者人口の将来推計を行い、それをベースにして施設サービスの必要量と在宅サービスの必要量を推計し、両者を合計して介護保険給付の総費用を算出するという方法である。

最初に、施設サービスの必要量についてである。介護サービスの必要量を推計するために、一九九八年に各自治体で高齢者保健福祉実態調査が実施され、「今後の利用希望」が詳細に調査されているが、施設利用希望調査がされていない地域が多いようだ。

施設サービスの必要量については、国側で二〇〇四年の施設整備目標が高齢者人口の三・四％と設定されており、これが必要量推計の事実上の基準値になっているようだ。介護保険の趣旨が在宅福祉サービスの整備にあるとはいえ、政策側の施設整備計画の制限は、施設サービス給付費用を減額させ、保険料の低廉性に連なっているようだ。

次に、在宅サービスの必要量についてである。これは、一九九八年の調査結果を用いて、訪問介護をはじめとする各種サービスの要介護度ごとの利用希望率を計算し、これに二〇〇〇年から二〇〇二年までの高齢者推計人口を掛け合わせて、在宅サービスの総費用が算出されている。

A町の場合、一九九八年に要援護高齢者（在宅）調査が実施されており、在宅介護三本柱の①利用状況と、②利用希望は次のとおりである。

・訪問介護＝①九・七％、②二三・八％
・短期入所介護＝①五・六％、②二九・七％
・通所介護＝①二〇・三％、②三二・八％

こうした低い利用希望が在宅サービスの総費用を押し下げ、全国一安い介護保険料を生み出したとみられる。次にその社会的背景に触れてみたい。

2　在宅サービスの利用が抑制されてきた背景

一九九二年の夏、老人保健福祉計画を策定するために実施された高齢者基礎調査（その九割は要援護高齢者）から推計すると、当時の在宅要援護者のホームヘルパー利用率は二・五％、同じく利用希望率は一一・八％であり、かなり低い数値である。しかし先の数値と合わせてみると、一九九二年から一九九八年の間に、利用状況は約四倍、利用希望は約二倍に増加しており、全国最低とはいえ保険料の背後に大きな地殻変動のあることがわかる。

一九九一年、全国の自治体で老人保健福祉計画が策定され、「老人保健福祉マップ」が公表される中で意外であったことは、在宅福祉サービスの利用率の高い地域が、都市部やかつて福祉に意欲的であった革新的な地域よりも、九州や東北の農村県に多いことであった。一九九四年にサービス利用率の高い青森県と鹿児島県内の町村で聴き取り調査をした際、次のようなことが印象的であった。

農村地域では、しばしば指摘されるように、お上の世話にはなりたくない、世間に知られたくない、見知らぬ人を台所にいれたくない、等の意見はどこでも聞かれた。しかしそうしたスティグマを越えて、外部の介護力が家庭内に導入されている背景には、介護サービスを「福祉」とは別のカテゴリーで捉えたり、家庭や台所という「私的な空間へのこだわり」を解除させるような、政策的な配慮が見られた。

例えば、「メロンの特産地形成のためには、農家の主婦が農業に専念できる環境が必要であり、（ねたきり老人の介護ではなく）介護者の負担軽減のためにヘルパーさんにお世話になる」とか、「家事援助サービスは、同じ小学校区内に住んでいる、気心の知れたヘルパーさんにお願いする」といったように。

このように旧来の家族中心の介護観の革新は、農村地域の場合、行政によるPRや福祉教育にもまして、地域づくりへの福祉の活用、介護サービスの提供者と利用者の対等な関係づくり等により、行われることが多かったようである。

この点、A町の社会的な状況はどうであったのか。

茨城県北部の中山間地域に位置するこの町は、南北に国道が通っているとはいえ、地勢的には閉鎖的で、農林業主体の静かな町である。地域の資源活用はいろいろと工夫されているが、特に特筆するものはないようだ。

子や孫と同居する高齢者の割合は、一九九〇年七九・三%、一九九五年七六・八%であり、同居率の高さや家族員数が多いこと、親族結合の強さや多就業世帯が多いこともあり、これらの要因が輻湊して、旧来の家族規範を維持温存し、介護サービスの利用希望を抑制するという結果になっていたようだ。

在宅福祉サービスの需要が顕在化しないために、町内の福祉サービス量は少なかったようだ。『老人保健福祉マップ数値表』によれば、一九九二年度の在宅福祉三本柱の利用率は、全国平均一三四・二、茨城県六九・〇、に対してA町は三一・八にすぎない。一九九四年に実施された在宅福祉調査では次のように述べている。

「町のヘルパーは五人で、そのうち町の職員が二人、特別養護老人ホームへの委託が三人である。利用者は三十三人おり、費用徴収者は六人と少ない。…しかし在宅介護支援センターが実施した調査では、半数がヘルパーをほしいと回答しており、在宅福祉への潜在的なニーズはかなりあるようだ」

しかし、家族中心の介護観が強く、「家族での対応ができなくなるぎりぎりの段階になって、初めて家族外サービスの申請をする」という。

3　家族介護と介護サービス環境の流動化

農林業自営を基軸にして、近隣の工場や商店、建設現場で家族員が就業することにより、賃金の単価は安くても家族全体としては経済的に安定していた多就業世帯が、最近は不況の長期化により少しずつ変化しているようだ。高齢者介護との関係でいえば、介護者として期待される嫁や子供たちの就労の場が遠距離になり、介護者や代替介護者として期待できなくなり、こうした中でいわゆる老老介護が増加している。

先の一九九四年の在宅福祉調査で、「親が喜ぶ」、「家族介護は当然」だとして、「少し不安」だけれども「家族だけで介護する」と回答していた人々の家族環境が次第に変化し、家族介護の更なる不安定化と空洞化が進行しているようだ。

一九九二年に町内の特別養護老人ホームに在宅介護支援センターが開設され、翌年にはB型のデイサービスが開始されている。支援センター職員による居宅訪問、高齢者がデイサービスを利用し現実の福祉現場を見る中で、介護サービスへの意識も変化してきたようだ。

二〇〇〇年の三月、介護保険サービスが開始される直前に、町の北部に公設民営のデイサービスセンターが開所し、老人保健施設でデイケアも開始され、最近は介護サービスの利用者数が急増している。

町の介護保険事業等推進会議の資料によれば、介護保険開始時の二〇〇〇年四月を基準にした二〇〇一年二月の主な介護サービスの利用者数と利用回数の実績比率は以下のとおりである。

・訪問介護＝一二六・七％、一四二・六％
・通所介護＝一五六・三％、一六四・五％
・訪問入浴＝一一二・二％、一〇四・〇％
・通所リハビリ＝三〇六・五％、三八八・六％
・訪問看護＝一九二・五％、三〇二・八％
・福祉用具貸与＝六五〇・〇％、九〇九・一％
・短期入所介護＝一六六・七％、一〇〇・〇％

訪問介護や通所介護では、利用者と利用回数は共に一・五倍前後、通所リハビリは三倍以上、福祉用具貸与は六倍以上の実績になっている。短期入所介護は、周知のように利用条件をめぐり複雑な経緯があり、安易に時系列的な比較はできない。

以上のような介護サービス利用者と利用率の増加は、**図表3-1**に見るように、二〇〇〇年度事業計画に対する給付実績の大幅な増額になっている。居宅サービスの場合、計画策定の時点では、調査結果に基づき、月間の平均サービス利用者数は三百四十九・一人、利用限度額に対する利用率は二〇・二％と見込んでいたが、実際には三百五十五人、二六・九％になり、月間の給付実績は一千九百二十二万九千五十円、計画金額に対する実績は一・四七六倍になっている。

図表3－1　A町介護保険給付実績（事業計画との比較）

月額比較（単位：円）

		事業計画			給付実績			
	区分	利用者数	利用率	金額（A）	利用者数	利用率	金額（B）	比較率（B／A）
居宅	要支援	61.3		761,574	55	42.7	1,444,290	1.896
	要介護1	138.9		4,648,846	119	32.1	6,338,460	1.363
	要介護2	67.8		2,665,789	66	27.4	3,522,440	1.321
	要介護3	35		1,892,831	40	22.5	2,410,890	1.274
	要介護4	26.2		1,615,907	39	24.4	2,915,220	1.804
	要介護5	19.9		1,439,976	36	20.1	2,597,750	1.804
	合計	349.1	20.2	13,024,924	355	26.9	19,229,050	1.476
施設	老人福祉施設	83.7		27,026,508	71		23,903,790	0.884
	老人保健施設	54.6		20,226,900	71		25,242,350	1.248
	療養型病床群	11.9		5,319,462	4		1,694,630	0.319
	合計	150.2		52,572,870	146		50,840,770	0.967

施設サービスは、百五十・二人の事業計画に対して百四十六人が入所している。しかし、A町内の介護保険施設が把握している入所希望者の単純合計は四十九人で、そこには複数の施設に入所希望を申請している人もあるので、実際の入所待機者は約三十名とみられ、推計すると約百七十六名の施設入所ニーズがあることになる。

しかし、施設整備計画の基準は本節の冒頭でみたように、施設入所を抑制するという政策的な配慮から、各地域ごとに設定されたようであり、A町の場合、早くも政策的な期待を越える状況になっている。

4　介護保険料の将来と施設入所待機者問題

介護保険の保険料は、三年間を通じて均衡をとる必要があるために、二〇〇〇年はややゆとりをもたせ、二〇〇二年の段階で均衡させる配慮をしている自治体が多い。しかし、A町の介護保険事業計画の二〇〇二年の費用推計は一千五百九十九万二千四百十二円で、先の二〇〇〇年度給付実績に照らすと、すでに著しく均衡を欠いている。町当局は、二〇〇一年度の介護給付費の見込み額修正にあたり、居宅サービスの利用率を高めの三三％に設定し、平均月額給付費を二千三百三十八万九千三百七十七円と算定している。これは当初計画の五〇％増であり、もはや保険料は一千五百三十三円という低いサービスの面影はどこにもない。このままの事態が進めば、二年後の保険料改訂で基準金額が二千数百円になるのは確実である。

問題はもうひとつある。施設入所を希望する待機者問題である。A町の施設入所者数は、二〇〇〇年度末現在百四十六人で、居宅サービス利用者三百五十五人の半数以下であるが、給付費は五千八十四万円で、居宅給付費一千九百二十三万円の二・六四倍になる。保険料を規定するのは居宅サービスの利用率よりも、施設入所者数であり、それは施設整備の計画水準によって左右される。三・四％という施設整備の基準が、今後どのように推移するのかに注目したい。

第2節　都市地域における介護相談員の役割

はじめに

介護保険の二〇〇五年度改革案が国会に上程され、その内容をめぐって国民各層から様々な意見が表明されている。今回の見直しの重点は、増え続ける介護給付の効果的な運用を図り、持続可能な制度を再設計することである。そのために、軽度の要介護者を対照にして「自立支援」のための「新たな予防給付」を設定し、要支援・要介護状態にならないために包括的継続的マネジメント強化のために「地域包括支援センター」を創設し、施設入居者の居住費と食費については給付の見直しが行われるようである。

地域包括支援センターには、社会福祉士・主任ケアマネジャー、そして介護予防のマネジメントをする保健師が配置され、総合相談・支援、介護予防マネジメント、包括的継続的マネジメントを担う中核機関として注目されている。

筆者がここで注視するのは、総合相談・支援の一翼を担ってきた介護相談員の新たな役割についてである。介護保険制度の発足に伴い、サービス利用者や家族等からの苦情や不平・不満・疑問に対応する窓口として、都道府県の国民健康保険連合会や市町村、そして介護支援専門員が位置づけられたことは良く知られている。しかし、市民サイドから総合相談の役割を果たしている介護相談員については、認知が低いようである。

これまで介護相談員は、要介護認定を受けた人を対象にして、相談活動を実施してきた。しかし制度改革後は、地域包括支援センターの文字通り「包括的支援」役割にそって、介護認定を受けていない人、介護予防を必要とする人、障害者を抱えている家族等、様々な課題を抱えている人を対象にして、幅広い相談活動をすることが構想されている。

以下では、そうした実情を背景にして、介護相談員の現状と役割、今後の役割期待と課題等について、論じてみたい。

1　介護相談員の制度と現状

介護相談員派遣事業は、二〇〇〇年五月一日の厚生省老人保健福祉局長通知「介護サービス適性実施指導事業の実施について」で、市町村の事業として始まった。同通知によれば、その趣旨は「介護保険制度の中には、都道府県による監査や都道府県国民健康保険団体連合会あるいは市町村による苦情対応といったサービスの質の確保を図るための措置が盛り込まれているが、これらに加えて、都道府県及び市町村においては、契約制度を前提にした介護サービス利用者の一層の保護を図るため、サービスの質の向上や適正な実施に資する事業に積極的に取り組むことが望まれる」、ということである。

ここで注目すべきは、介護「保険」という「契約制度」の下では、様々な問題が発生し、被保険者の不利益の救済は行政等の対応では不十分なので、被保険者の「保護を図るため」に、市民サイドからの相談業務として「介護相談員派遣事業」が位置づけられたことである。

では「市民サイドからの相談業務」とは具体的にどんなものか。介護相談・地域づくり連合会の『介護相談員派遣事業ハンドブック』によれば、市町村等の苦情相談は「あくまで事後的な対応が主」であり、「利用者の日常的な不平、不満、疑問を受けつけ、問題の発見や提起、解決策の提案などを通じて、苦情が発生するようなことを未然に防ぎ、改善の途を探る」ことが必要であり、これが市民サイドからの介護相談員の独自な役割である。

介護相談員は、介護サービスが提供される施設や居宅を訪問し、利用者から地道に話を聞き、相談に乗り、市町村等の事務局を介して、問題の改善や介護サービスの質的向上を図っている。**図表3-2**にもあるように、この事業の主たる性格は、サービス事業所と利用者の「橋渡し」であるが、市民的日常的視点で利用者の保護を図るという点では福祉オンブズマン的性格も具有するといえよう。

このように注目すべき制度ではあるが、実施の現状は問題が多い。二〇〇四年二月一九日の厚生労働省老健局『全国高齢者保健福祉・介護保険関係主管課長会議資料』によれば、全国でこの事業を実施している市町村は四五四である。都道府県内市町村の事業実施率が二五%を超えているのは、わずかに大阪・東京・神奈川・京都・千葉・愛知・富山・静岡の八都府県である。広島・沖縄・新潟・大分・宮城・高知・山梨・長崎・鹿児島・秋田・北海道・和歌山・徳島・熊本の一四道県では一〇%以

図表3－2　介護相談員の役割

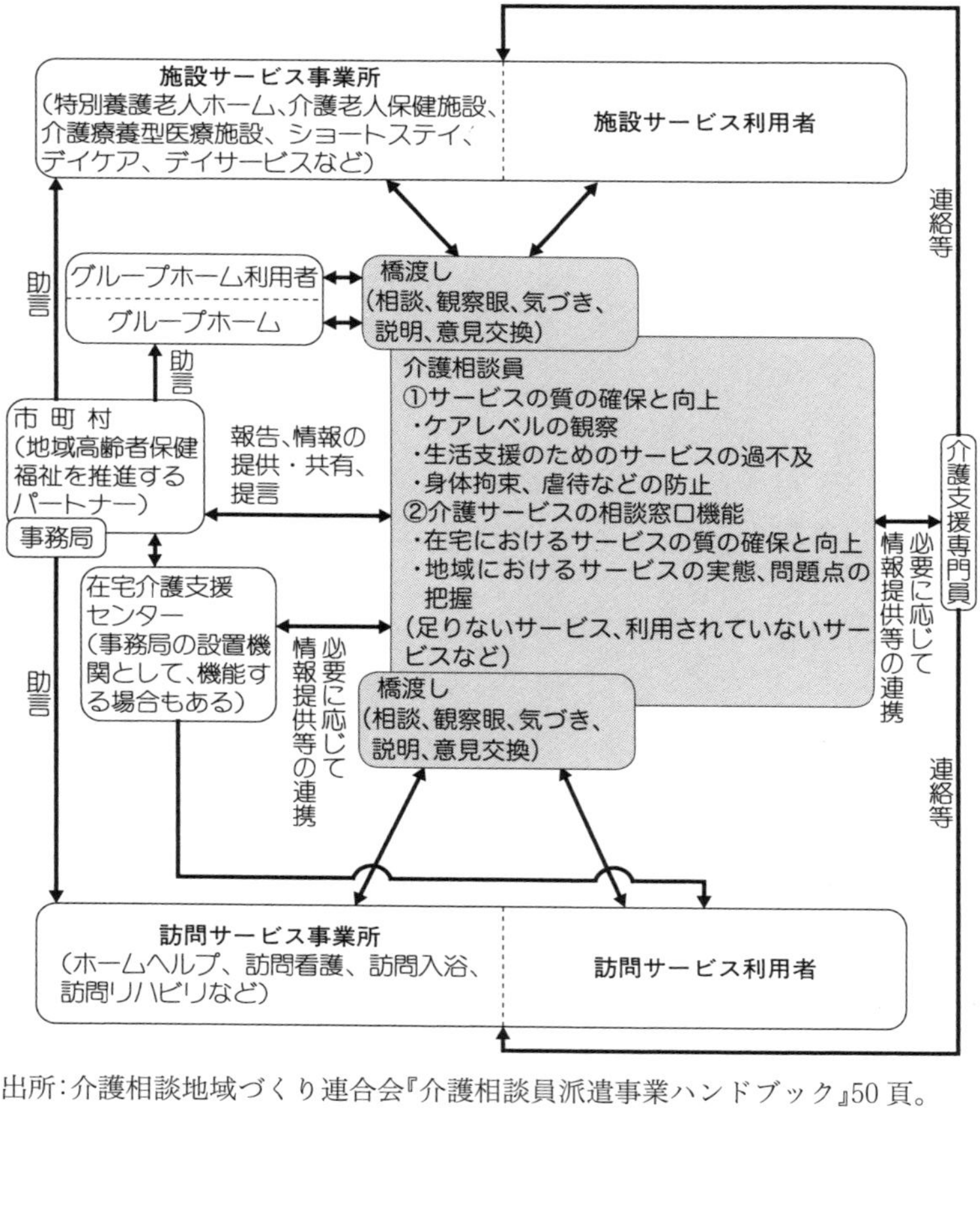

出所：介護相談地域づくり連合会『介護相談員派遣事業ハンドブック』50頁。

下である。

二〇〇〇年から二〇〇三年までの介護相談員養成研修修了者は五、四二四人で、そのうち二〇〇四年現在で活動している介護相談員は三、八〇七人に過ぎない。多くの自治体では、介護サービス事業所での介護相談を重視しており、居宅訪問は四五四市町村の内九一と少ない。施設訪問も大切であるが、居宅には潜在化した多用な問題が複雑に存在しているので、こちらはさらに重要である。そこで、次に居宅訪問重視の活動を展開している、茨城県水戸市を例にして、介護相談員の相談活動について、その役割と成果を検証してみたい。

なお、以下の資料は、厚生労働省の二〇〇四年度未来志向研究プロジェクト事業「在宅高齢者等における介護相談員の役割及び支援体制のあり方に関する研究事業」に関わる、水戸市在宅高齢者等の地域支援体制研究会での意見交換と諸報告、に基づくものである。

2　水戸市の派遣体制と相談活動

水戸市は二〇〇四年一二月現在、人口は二四九、二五五人で高齢化率は一八・一%である。第一号被保険者の要介護率は一三・六%で、毎年約一・三%ほど増えている。居宅サービス利用者は二〇〇〇年一、九七二人、二〇〇二年三、一四六人、二〇〇四年四、二三一人で、四年間で一一五%増加している。

水戸市では、二〇〇〇年一〇月から介護保険施設を対象にして、介護相談員派遣事業が開始され、翌二〇〇一年四月から派遣対象を在宅に拡大している。現在、市から委嘱された相談員は六人で、二人一組で三チームが編成され、一組が施設訪問、二組が在宅訪問をしている。介護相談員は全国的には、民生委員・看護師・保健師・ボランティア等の中から適任者が人選されるケースが多い。しかし、水戸市では、地域ケアシステムのコーディネーター等、地域福祉活動のセミプロ的な人材が人選されている。

施設訪問は、一日二カ所の割合で月に一回訪問し、事前に三カ月間の日程と訪問する相談員名が通知されている。

在宅訪問は、居宅サービス利用者名簿と住宅地図に基づき、利用者の自宅と居宅サービス系事業所を訪問している。利用者の自宅訪問は、「ナマの声を聞くために」、事前の連絡をせずに直接訪問する方式を取っている。

月に二回、事務局（市の介護保険課）と相談員との連絡会議があり、ここで活動記録に基づく報告と情報の交換が行われる。必要な事項は事業所に連絡され、サービスの改善に繋げられる。

3　相談内容の分析と評価

在宅訪問の相談件数は、**図表3-3**の中段に示すように、二〇〇一年一、〇五三件、〇二年一、五〇二件、〇三年一、五六八件で、毎年増加している。相談内容の特徴を時系列的に見ると、二〇〇一

図表３-３　介護相談員の相談内容

（件）

	誤解や勘違い	個人的嗜好や要望	施設の介護体制	介護保険の制度	利用者の財産管理	居宅サービス関係	ケアマネ関係	その他	事業所と相談	合計
2001年度	18 3	162 73	 105	22 66	 11	 151	 17	1254 730	221	1780 1053
2002年度	18 6	156 141	 127	14 74	12	 203	 53	1218 985	 150	1658 1502
2003年度	5 5	91 122	59 45	5 40	1 2	 123	 71	992 1124	88 36	1241 1568

注：件数は上段が施設、中段が在宅、下段が両者を含めたものである。

年では「居宅サービスの内容関係」が最も多くて一五一件、次いで「個人的な嗜好や要望」が七三件、「介護保険の制度」六六件の順である。一四年度は総相談件数が五割程増えているが、順位は変わらない。一五年度になると、総相談件数はあまり変わらないのに、「居宅サービス」、「個人的嗜好」、「介護保険関係」が共に減少し、「ケアマネ関係」が増加している。

以上の事実から、相談活動が進むにつれて、「居宅サービス内容」についての個別的な相談は多いものの、相対的に減少し、「介護保険の制度」についての相談は、絶対的に減少していることがわかる。代わって、「個人的な嗜好や要望」、「ケアマネ関係」という、「介護の質に関する相談」が増加していることがわかる。

ここで、特に重要なのは「その他（話し相手等）」である。「その他」は、二〇〇一年七三〇件、〇二年九八五件、〇三年一一二四件と増えている。その主な内容は、先の分類に入らない「世間話や暮らし全般に関わる悩みや不安」である。

ある相談員は「一人暮らしの高齢者を訪問すると、帰り際に『いろいろ心配してくれてありがとう』、『また来てください』などと、言われることも多く、私たちの訪問を喜んでいる様子が感じられる。最近は近所付き合いが希薄になり、じっくりと話をする機会も少ないことから、寂しさや不安を抱えている人も多いようだ」と述べている。

ここには利用者が抱える「現実の介護相談」は「個別の介護相談」や「介護の制度」に収まるものではなく、日常の生活構造全体に関わるものが多いこと、時には、将来の介護サービス利用や生活のゆくえと関わるものが多く、既存の制度化された相談業務では、対応できない部分が多いことがわかる。「市民サイドの総合相談」とは、相談される側（事業者や行政）が主体の機能的な相談に対して、相談する側(住民)が主体の生活構造全体に基礎づけられた相談を意味し、介護保険の見直し後は、いっそう重要になるであろう。

地域支援体制研究会の席上、在宅介護支援センターの職員は、介護相談員の業務を次のように評価していた。

「私たちは待っている立場なので、なかなか問題が上がってこない。介護相談員は家庭に入っていくので、そこにある問題を地域ケア推進員や在宅介護支援センターに繋げてゆくことができるのではないか」

「実際の所、私たちは自分が担当しているケースで手一杯の状況にあり、地域を巡回する余裕がない。その意味で、介護相談員のように、地域の方々の相談に乗ってくれる人たちが必要だし、相談員の派遣は、地域にとって有効で必要な事業である」

4　問題点と今後の課題

以上、介護相談員の果たす役割について、高い評価がある半面で、制度としての知名度が低いために、利用者から様々な苦情や相談が引き出されても、それが事業所に伝達されないケースもあるようだ。水戸市が実施した市内のケアマネジャーに対するアンケート調査でも、介護相談員制度を理解している人は五割以下であり、理解していても職場の現業職員に相談員制度について説明していない人もいる。

さらに問題なのは、この制度について行政やケアマネジャーが、介護サービスの利用者や家族にあまり説明をしていないために、最初の自宅訪問時に時々混乱が起きるようである。

今後は、市の広報誌等でPRし、介護関係職員の交流の場などで制度を紹介し、相談員が持っている相談情報を共有し、サービスの向上が図れるような相談情報ネットワークが形成されるならば、事態はかなり改善されるはずである。

介護保険の見直しに関して、抜本的な改革項目のみに国民の関心が向かいがちであり、さらに介護サービスの合理化・効率化が進めば進むほど、サービス利用者の現場に関心が収斂しがちである。見直された制度が、国民生活の現実にきちんと位置づいているかを確認する意味で、市民サイドの総合相談のもつ意味は、いっそう重要である。

第3節　社会福祉協議会の「事業体化」と介護保険

1　課題の設定

一九九二年四月、新社会福祉協議会基本要項に基づき、全国の社会福祉協議会（以下では「社協」と略す）は、住民の福祉活動の組織化・事業の連絡調整に加えて、事業の企画・実施をすることになった。いわゆる「事業体社協」の発足である。

その後、社協は周知のように、ゴールドプランに基づく老人保健福祉計画を受けて、在宅福祉サービスの実施主体として様々な事業を展開するようになった。しかし、それらの多くは自治体からの委託事業であり、多忙になったとはいえ職員体制や財政面でそれほど大きな問題はなかったようである。二〇〇〇年四月、介護保険法に基づき、従来から実施してきた在宅福祉サービスが、独自事業として位置づけられて以降、私の寡聞する限り、市町村の社会福祉協議会の運営に大きな変動が生じているように思われる。

介護保険法が施行実施された当初、社協の介護保険サービスは行政からの補助に支えられており、民間の新規参入事業者が介護サービス市場で対等に競争しようとすると不利であるといわれた。しかし、全国的な規模での行財政改革の余波を受けて、市町村から社協への財政支援は変化しており、さらに支援制度に基づく新たな障害者福祉サービスの受託や地域福祉計画策定の中で、社協の役割はいっそう多元化しようとしている。

最近の福祉政策の動向を見ると、次第に小中学校区レベルを標準にした福祉ユニット形成の動きが見られ、今後はそうしたコミュニティ単位に施設福祉も融合していくものと思われる。そうした近未来像から照射すると、社会福祉法に基づく地域福祉計画は非常に重要であり、小中学校区を小地域とする市町村社協の本来の役割、即ち小地域福祉活動の組織化・事業の連絡調整機能のもつ近未来的な意義も極めて大きい。

本節では、そうした事実認定を前提にして、社協の将来経営と介護保険の現状について、最近の動向を述べてみたい。

2　介護保険の採算性と不採算に対する対応

二〇〇二年四月、厚生労働省老健局が実施した「平成十四年介護事業経営実態調査」から、社会福祉協議会に関するものを抜粋する。この調査は全国の介護事業経営者を母集団としたサンプル調査で、この中に居宅サービス事業所として訪問介護を実施している社協が二百三十四団体含まれている。これらの社協が実施する訪問介護事業の平均の収支は以下のとおりである。

まず、補助金を含まない収益ベースでは、介護事業収益が二百八十六万四千円、介護事業費用が三百二十万九千円、介護事業損益はマイナス三十四万四千円となっている。補助金を含む収益ベースでは、事業収益が二百九十七万八千円、事業損益がマイナス二十三万円となっている。この調査から見るかぎり、社協が実施している中核的な介護サービスである訪問介護事業は、二〇〇二年三月中の収支で、補助金を含めても平均的な団体で二十三万円の赤字を出していることが明らかになった。

多くの社協が介護保険実施以前から訪問介護を実施しており、介護保険実施以後、家事援助の単価が低いために採算ベースにのらず、事業量が増えれば赤字も増大し、経営ノウハウの蓄積の浅さが、問題解決を困難にしているといわれる。社協は以前から地域住民との親密性・信頼性が高く、訪問介護の依頼も多い。安易に住民の期待を裏切ることはできないようだ。

こうした風評は現実にどのようになっているのか。以下では、茨城県社協が二〇〇二年五月に調査した、訪問介護を中心にした「介護保険事業への取り組み状況アンケート結果」（**図表3-4**）から、

図表３－４　介護保険事業への取り組み状況アンケート結果

設問／地域	事業の採算性		民間業者の参入	社協のみ	民間業者との連携	
	取れている	取れていない	ある		ある	ない
市	8	10	20	0	12	8
町村	20	35	53	4	42	11
合計	28	45	73	4	54	19

その一部を考察したい。

この調査は茨城県内八十四市町村の社協を対象にして実施され、八十団体が回答している。これによれば、訪問介護事業を実施している七十三団体の内、実に四十五団体、約六二％が「採算が取れていない」と回答している。市部では約五六％、町村部では六四％が不採算の状態にあり、特に町村部で財政状態はよくないようだ。

こうした赤字に対する対応として、市部では「介護保険以外の事業を積極的に受託する」、「市からの派遣職員で対応する」、「一部、市からの委託事業を組み込み、人件費を確保する」、「正職員を減らし、パートを増員する」等の対策を考えている。ここでは不採算を事業の中で解決するのは困難であり、自治体に協力を依頼したり、職員の人件費削減が考えられている。

こうした社協の介護保険事業に対する考え方は、「介護保険事業検討会を開催し、方向性を検討する」、「民間の事業者で対応できない部分を担ってゆく」、「経営的視野の要求される分野であり、今後も大事な事業。可能な範囲で事業に参入する。ただし、一方では社協本来の地域福祉の取り組みも積極的に推進する」等の考え方をしている。ここでは事業の不採算状況の中で、介護保険事業を一定の範囲に制限しようとしている。

さらに、介護保険事業の今後の継続については、「継続を基本的に考えているが、採算性や福祉事務所との連携で、対応したい」、「民間事業者で市民のニーズに対応できるようになったら撤退する」、「民間事業所からすると、少し公に近い位置にある組織なので、介護保険事業の中でも、そのようなカラーで対応が必要なケースもあると思う」、「再検討を要する」等の考え方が見られる。ここでは、継続か否かについて、社協という公共性の高い団体なので、採算性だけでは判断できないとしながらも、積極的に継続したいという考えは見られない。

次に、介護保険事業の規模が小さい町村部の動向を検討してみたい。最初に、不採算に対する対応として、「町と連携して、補助金を獲得する努力をする」、「介護予防事業に力を入れてゆく」、「人件費の削減」、「非常勤職員で対応する」等の対応が考えられており、ここでは市部と同様に、不採算を事業の中で解決するのが困難なので、自治体に協力を依頼したり、職員の人件費削減が考えられている。

しかし、介護保険事業への考え方は市部とはやや異なるようだ。主な回答として、「事業所の質を向上させ、他事業者間のリーダー的な役割をめざす」、「収支を均衡させるためコストを削減し、地域福祉ニーズに即したサービスを考える」、「報酬単価の見直しを期待し、介護報酬のみで経営の構築を図る」、「民間の事業者との競争を避け、採算性を視野に入れず、公的な立場にある社協として、できる範囲の事業をする」等の考え方が見られる。ここには、他に介護保険事業者が少ないためか、採算が取れなくても事業を廃止するわけにはいかないという前提に立って、事業経営の努力の必要性が語られている。

こうした考え方は、次のように介護保険は原則として継続するという意思に連結している。主な回答を挙げると、「居宅介護・入浴事業所の積極的な推進」、「よりよいサービス提供をめざして継続する」、「介護保険導入の前からの実績と信頼があり、今後も住民の期待に応えるために継続する」等である。

以上、介護保険事業が不採算な中で、社協がどのような対応と展望をもっているかを検討した。市部では採算性を中心にして、公共性の高い社協が最低限担うべき事業として、介護保険事業が認識されている。これに対して、町村部では社協の公共的な役割認識と住民との親密な関係を背景にして、採算性は二次的に位置づけられ、事業の継続がより強く期待されているようだ。

二八の団体が「事業の採算性は取れている」と回答しているが、そのほとんどは自治体からの補助金や様々なサポートを前提にしており、補助金を含まない収益ベースでは不採算の所もかなりあるようだ。従って介護保険事業の今後の継続については、すべての団体が「継続する」と回答しているわけではない。

市と町村別に、介護保険事業の採算は採れているものの、社協が実施することに「揺らぎ」を感じている実態を、自由回答の中から拾ってみたい。

市部では、「社協のサービスを利用したいと希望する方に、きちんと提供できるよう、ケアマネジャー、ホームヘルパーの人材確保、育成をしながら一定の規模を維持したい」、「現状では、介護保険事業への社協の参入も致し方ないが、民間業者の参入の妨げになっている」、「本来的に社協が行なう事業か疑問である」、「行政の要請により実施している」、「自主財源を作る上では良いが、労務管理が難しい」、「民間業者が育ってほしい」等である。ここでは、黒字であっても、事業規模は小規模に止め、民間事業者への参入期待をしながら、本来の社協業務を追求したいという合理的判断が伺われる。

町村部では、「事業においては、経営にも厳しい側面があり、今後の国の方針を見極めていきたい」、「行政の方針にもよるが、民間の事業者でサービスが間に合えば、社協は手を引く予定。居宅介護支援事業については、残す予定」、「町の福祉サービスの一環である」、「社協の性格から、介護保険事業の運営上の難しさがある。しかし、社協が明るく住民から信頼されているので参入する」等である。ここには、社協が実施することに疑問を感じているが、行政の方針や住民からの期待という外部の要請により実施しているという悩みが感じられる。このアンケートは、採算性について補助金を含むか否かまでは調査していないので、本節ではこれ以上ふれない。

3　社会福祉協議会と民間事業者との関係

二〇〇三年から支援費制度が始まり、地域福祉活動計画の策定についても社協に期待される役割は一層大きい。さらに自治体の行財政改革と介護保険事業の独立採算化の中で、社協は介護保険にどのように関わるのかが改めて注目されている。しかし事業に参入するか否かを検討する前に、社協のもつ公共性、コラボレイト的な役割に鑑みると、社協が民間の事業者と直接間接にどのような関係にあるかが検討されねばならない。

先に示した「介護保険事業への取り組み状況アンケート」によれば、調査対象の八〇社協のうち、市町村内の介護事業所が「社協のみ」は四ケースにすぎず、約九一％にあたる七三社協が同じ市町村内に「民間業者の参入がある」と回答している。七三ケースの内、五四の社協が「民間業者との連携」を何らかの形で実施していると回答している。

それら連携形態の主なものは、事業者連絡会の主催、地域ケア会議の開催、ケアマネジャー懇談会への参加、電話・ＦＡＸ・訪問・来所等での相談・連絡等である。これらの中には介護保険事業を実施していないもの、介護支援事業のみ実施しているものもある。

このように民間事業者との関わりを何らかの形で形成維持することは、社協の公共性、連絡協議会的性格からして必要であるが、以下では、社協の介護保険事業との関わりの深さを暫定的に類型化し、そこで民間との関わりがどのように実施され、社協の本来の業務がどのように実践されているのかを検討したい。

①介護保険事業実施の程度と、②事業の採算性、に注目すると以下のような四つの類型ができる。

類型Ⅰ　介護保険事業を実施していない

類型Ⅱ　介護支援事業のみ実施している

類型Ⅲ　介護保険事業を実施している、採算は取れていない
類型Ⅳ　介護保険事業を実施している、採算は取れている

ここでは紙幅の関係から、類型Ⅰと類型Ⅱに着目し、社協が介護保険事業を実施していないのに、地域社会として整合性がとれている背景を検討し、類型Ⅲ・Ⅳの将来経営の参考にしたい。

4　類型Ⅰと類型Ⅱの社会福祉協議会の経営

市部と町村部では、先に見たように社協の置かれた環境が大きく異なるので、ここでは市部に限定してそれぞれ一ケースずつ検討する。

〈類型Ⅰについて（事例　県北のH市社協）〉

ここでは、介護保険実施以前から、社協は居宅福祉サービスを実施していない。その背景には、行政と社協の福祉事業についての役割分担が確立しており、ホームヘルプ等の制度的直接サービスは行政、ボランティアや地域福祉の推進部については社協というようになっていたようだ。

したがって、新社会福祉協議会要項にしたがって、他の自治体がヘルパー業務の受託を始めたのに対して、ここでは行政が住民参加型の在宅福祉サービスを育成し、それが介護保険実施後は家事援助サービスの担い手になっている。

市内には多くの介護保険事業者があり、社協は事業を実施しないが、介護相談員派遣事業を通じて市内のすべての事業所と連絡を取っており、連絡会も年間三〜四回実施している。また、市が所管している介護サービス事業者懇談会にも毎回参加し、民間の事業者との連携は極めて緊密に取れている。

このように行政と社協の福祉事業についての役割分担が確立しているため、H市社協では小学校区を単位にした小地域福祉活動に専念しており、かなり水準の高い本来の社協活動が確保されている。それだけではなく、ふれあい生き生きサロン、地域型リハビリ機能訓練、介護度を高めないための在宅介護研修等、介護予防事業には積極的に取り組んでおり、ここでは民間の事業者との役割分担もうまく機能しているようだ。

〈類型Ⅱについて（事例　県南のR市社協）〉

ここでは訪問介護は実施せず、居宅介護支援事業のみを実施している。

この事業を実施する市内の民間事業所は三十三か所あるが、社協の介護支援事業は採算が取れているという。なぜ、居宅介護事業に参入しないのかについては、市内に八〇を超える民間の事業者があること。介護保険事業について、ボランティアやNPO等と連携して地域の福祉資源を生かし、介護保険で補えない部分の隙間を埋めていくのが社協の役割、という認識に立っていることにあるようだ。

しかしここでもH市社協と同様に、民間事業者との連携は密接に取られており、介護保険を含めた地域福祉を推進するパイプ役的存在として、社協の役割認識が協議会的機能や小福祉集団の育成を中心にして、極めて明確になっている。

以上、二つの事例を検討してみたが、いずれも社協本来の協議会的な役割を堅持し、そうした上で介護保険の補完的な役割を、行政と民間の間で実践していることである。少数事例なので明確なことは言えないが、今後、地域福祉計画策定等の中で社協本来の協議会的な役割、小地域社会計画の実質的な活動主体としての意義はいっそう深まるであろう。そうした将来展望の中で、今後の社協経営と介護保険の関係を考えてほしいものである。

第4節　介護保険制度の「見直し」と地方社会

はじめに

二〇〇〇年四月に介護保険制度が始まり、〇三年四月には最初の介護保険料の改定が行われ、〇五年度からは「見直された」介護保険制度が実施される予定である。

九〇年代の後半、後期高齢者の急増・家族扶養力の減退・国家財政と医療保険の赤字等を背景にして、十分な議論もなく発足した介護「保険」制度は、様々な問題と矛盾を抱えて今日に至っている。〇三年の介護保険料の改定では、六五歳以上の第一号被保険者の月額保険料基準額が六千円を超える自治体も出ており、次期の改定では、保険料の高騰により介護保険自体が行き詰まるのではないかとの懸念も出ている。

そうした中で現在、社会保障審議会介護保険分科会での討議を経て、厚生労働省は介護保険「見直し」のための青写真を作成中である。そこで以下では、介護保険のこれまでの流れを検討しながら、何が改革の焦点であり、地方分権と住民主体の視点からどんなことが考慮されねばならないかを、茨城の現状を踏まえて論じたい。

１　社会福祉基礎構造改革と介護保険の意義

介護保険への県民の関心が深まるにつれ、ややもすると目先の問題に関心が集中しがちであるが、最初に介護保険制度について、歴史的な経緯を認識しておきたい。

周知のように、二〇〇〇年四月に社会事業法が改正され、社会福祉法が成立した。この法律では、社会福祉の権限を地方自治体に移し、福祉サービスの事業者を従来の行政主体から民間の多様な主体へと転換し、住民に身近な所での福祉サービスの提供が謳われている。しかしその背景には、福祉サービスの普遍化や少子高齢化の急激な進展により、社会保障の給付額が雪だるま式に拡大し、公共支出中心の財政運営では、近い将来に行き詰まるという政府の危機意識と認識がある。

措置制度から契約方式へのサービス提供方法の転換は、サービス利用に「後ろめたさがなくなり、権利として利用しやすくなる」といわれるが、福祉行政と福祉サービス事業との関わりは間接的になり、保険料と一部負担を支払ってサービスを利用するというシステムであるがゆえに、金の切れ目が縁の切れ目となる事態が、生じてこないとはいえない。

社会福祉基礎構造改革は、戦後半世紀が過ぎ、社会の枠組みが大きく変容したので、選別的な福祉行政は「制度疲労」を起こしているという認識から出発する。そこで政府はサービスの提供者と利用者が対等な立場に立ち（契約関係）、ニーズに合ったサービスを効率的に選択できるように（多元的福祉サービス）、条件整備を進める（サービス提供事業所の育成、情報公開、住民参加、総合的支援等）という。

民営化を目指す社会福祉のシステムは、原則として十分で多様なサービスを提供する事業者と十分な情報と判断能力を持つ利用者の存在を前提にする。しかし、グローバル化する市場社会の中で、行政の支援があっても事業者と利用者が対等な関係になるのは不可能に近く、事業者は利潤を追求せねばならない。こうした下では、経済的弱者、情報弱者がどのような立場に追い込まれるかは明らかである。

社会福祉基礎構造改革の中で進行する、契約関係を主体にした福祉サービスの供給と利用の多元化は、以上のような課題を内包している。介護保険制度は福祉の多元化の最初の実践なのである。

2　介護保険事業の全国状況と茨城の特徴

最初に、要介護認定、介護サービス利用、保険給付等を中心にして、介護保険の現状を概観したい。厚生労働省から〇四年春に暫定的なデータが公表されているが、ここでは〇二年度末の確定資料を使用したい。

それによれば、〇三年三月現在の全国の六五歳以上の第一号被保険者は二、三九三万人。その内、要介護認定者は三三二万人で、認定率は一三・九％である（以下の議論で、四〇～六四歳の第二号被保険者を加えるときもあるが、その割合は約三・五％と少ない）。地域別には鹿児島県が最も高くて一七・九％、徳島、大分、沖縄等が一七％を超えている。反対に認定率が最も低いのは茨城県で一〇・三％、埼玉と千葉が一一％未満である。

居宅サービスの利用者は、全体で一か月平均一八四万人、介護保険開始当初に比較して四九％も増加している。要介護度別には、要支援一五・五％、要介護一三六％、要支援Ⅱ二〇・五％、要支援Ⅲ一一・八％、要支援Ⅳ八・七％、要支援Ⅴ七・五％であり、要支援と要介護一を加えると五〇％を超えている。

施設サービスの利用者は、全体で一ケ月平均七〇万人、介護保険開始当初に比較して一六％の増加に止まっている。これは国が施設介護のベット数を一定割合に規制したためである。

介護保険の〇二年度累積支給額は四兆六二六一億円で、内訳は居宅サービス四二・六％、施設サービス五七・四％である。第一号被保険者の一人当たり全国平均支給額は、居宅サービスが八・二万円、施設サービスが一一・一万円、合計一九・三万円である。これを都道府県別に見ると、支給額が最も多いのは沖縄の二九万円、最も少ないのは埼玉の一四・六万円、茨城の一四・七万円である。

図表３-５「第一号被保険者一人あたり支給額」を見ると、茨城は全国の中で、居宅サービス・施設サービスが共に最も利用の低い県であり、支給額は沖縄の約半分である。

先の認定率と合わせて、茨城の高齢者の介護保険利用は、なぜこのように低いのか。その背景を考えてみたい。俗説として、茨城の高齢者は健康な人が多いといわれる。しかしその根拠はない。通常、健康指標の象徴として平均寿命が使用される。茨城の二〇〇〇年度の平均寿命は、男性七七・二歳で全国三一位、女性八四・二歳で同四四位であり、共に全国平均を大きく下回っている。高齢者と子供との近接居住率が高く、近隣での相互扶助があるので家族外サービスを利用しない、ともいわれる。しかし、国民生活基礎調査の「近接居住」とは同居を含めており、茨城の近接居住の八割は同居であ

図表３-５　第一号被保険者一人あたり支給額

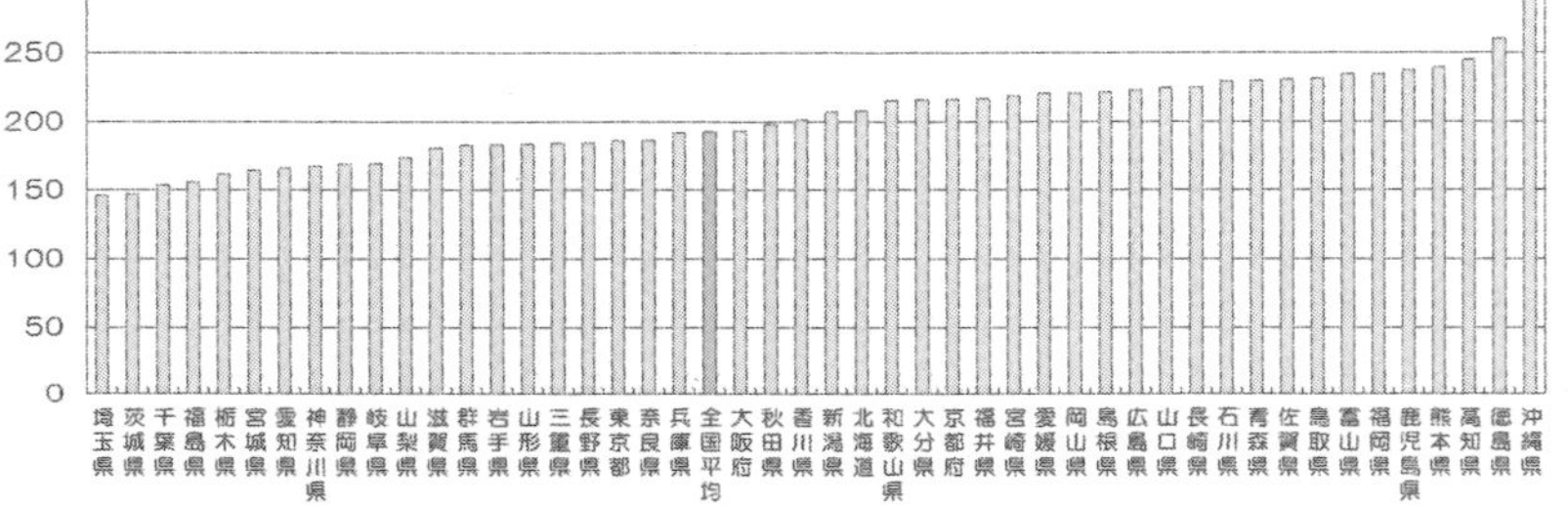

出所：厚生労働省老健局「介護保険事業状況報告」（2003 年 1 月サービス分）

り、真に「近接居住が多い」とはいえない。

介護サービスの利用が低いことは、介護保険が始まる以前から厚生省の「在宅サービス三本柱」等で指摘されていた。一九九五年の茨城大学地域福祉研究会『在宅福祉に関する調査研究』では、①一世帯の平均家族員数が多く、家族内に介護力がある、②老親介護の考えが親だけでなく子供にも強い、③家族外サービス利用促進の工夫がない、④福祉情報の消極性、等が指摘されていた。介護保険以前から指摘されていたことが、その後もあまり改善されず、潜在的な介護不安が広まっているものと推測される。

3　介護保険の運営とサービス利用問題

介護保険が開始されてから五年目に入り、当初は考えられなかった様々な問題が露呈している。ここでは介護保険の運営全体に見られる主要な課題について、茨城の問題も含めて考えてみたい。

(1)介護保険利用者数の増加と財政問題

厚生労働省の統計によると、二〇〇〇年四月から〇三年一〇月の間に、六五歳以上の高齢者は二、一六五万人から二、四二〇万人へと一二%増加しているのに、要介護認定者は二一八万人から三七一万人へと七〇%も増加している。茨城県高齢者プラン21ではこの間に、高齢者人口は八・六%、居宅サービス対象者数は四・八％それぞれ増加すると推計している。データはやや異なるが、茨城における「介護の非社会化」という特異性がみられる。

全国レベルでは、要介護者認定の増加に伴うこの間のサービス利用が、在宅サービスでは九七万人から二一四万人へと一二〇％、施設サービスでは五二万人から七三万人へと四二％も、それぞれ増加している。こうしたサービス利用増が、二〇〇〇年の給付費約三・二兆円に対して、〇三年約五・一兆円を帰結し、今後の国庫負担増の懸念、保険料の急増に伴う介護保険の崩壊危機を生んでいる。財政面でのこうした懸念は、保険料の支払いと反対給付としてのサービス提供を原則とする介護「保険」制度の妥当性を問うものである。

(2)保険者としての基礎自治体の権限問題

介護保険制度は、市町村自治体が保険者となり、第一号被保険者である高齢者から保険料を徴収し、住民からの要介護認定申請を受理・審査・確定し、ケアマネジャー等を介して、都道府県から指定された介護事業者と当該住民の契約により、介護サービスが住民に適切に提供されるように、保険運営をする責務を負っている。しかし、措置制度の時代とは異なり、サービス提供が事業者と住民との直接契約の下で行われるため、住民に対する直接責任はない。しかし、事業者と住民は介護知識や情報等の面で、実質的には対等の関係にないため、自治体による様々な住民支援と事業者規制が必要になる。

現実にはどうか。自治体は事務的経費の面で国の支援を得て、介護保険業務の運営と管理をしているが、独自の権限は制約されている。例えば、保険料の階層設定と低所得層に対する対応には、国の強い指導があり、独自の保険料設定はしにくい。自治体の介護保険事業計画は科学的なニーズ測定に基づき、サービス供給目標を設定することになっているが、特養等の施設サービスについては「居宅サービス優先」という国の政策判断に沿って、全国一律に入所ニーズの割合が設定されているため、ゆがめられた施設サービス供給計画になっている。

介護保険への民間事業者の参入は様々な懸念が予想されたが、介護保険開始から〇三年一二月までに全国で一二七件の指定取り消し処分が報告されている。この内七五件が株式会社等の民間営利事業所である。事業所の指定権限は県にあるので、市町村は有効な対応が十分にできないのが現状である。市町村に立入権限等が付加されれば、こうした問題は減るであろう。

⑶要支援・要介護Ⅰ階層と介護予防の問題

要介護度別の〇四年三月の認定者数は、要支援五九万人、要介護Ⅰ一二四万人、要介護Ⅱ六〇万人、要介護Ⅲ四九万人、要介護Ⅳ四七万人、要介護Ⅴ四五万人である。要支援と要介護Ⅰを合計すると一八三万人で、全体の四八％に達する。[1]

茨城県内の介護認定の状況を、水戸市を例にして見ると、〇三年度の要介護度別認定者は、要支援五二一人、要介護Ⅰ一七八二人、要介護Ⅱ一一一五人、要介護Ⅲ九九二人、要介護Ⅳ七三二人、要介護V六四六人で、要支援と要介護Iを合計すると三九・七%人になる。[2]

介護保険への認識が深まるにつれ、権利としての介護サービス利用が増えるのは当然のことであり、家族介護を担わされてきた女性の社会参加推進と平行して、介護の社会化が進むのは好ましいことである。

しかし、社会保障審議会介護保険部会では、介護保険制度の浸透や高齢化の進展による要支援・要介護Iの増加に対して、介護サービス利用の非効率が給付総額の増加に拍車をかけている、という問題認識をしている。

その根拠は、介護保険開始直後から二年間にわたって実施された、島根県内での介護サービス利用による介護効果調査である。これによると、二年間の介護でADLが重度化した人の割合は、全体で二九・一%なのに対して、要支援四八・九%、要介護Iは三四・八%で、この二つの階層では特に、介護サービスによる介護予防効果が上がっていないことが指摘されている。[3]

筆者らの水戸市介護評価調査でも、ケアマネジャーによる居宅サービス計画作成における福祉用具貸与等の援助内容の検討が甘いために、不適切で過剰なサービスが提供され、結果として給付増加に結びついているのではないか、との指摘があった。

(4)不足する特別養護老人ホームと入所待機者問題

特別養護老人ホームの絶対的不足問題は、国が施設利用率を全国一律に低く設定し、将来的に施設利用比率を上げようとしない政策に由来している。

「茨城高齢者プラン21」では、特養の必要量を二〇〇〇年五三七五床、〇四年七八五八床と推計して、施設整備を進めてきた。しかし、ＮＰＯ法人いばらき介護福祉の会の調査によると、〇三年春の時点で「入所希望者が定員と同程度になっている」、「入所できるまで四～六年はかかる」との声が聞かれたという。

全国的な特養入所希望者の増加に対応するために、〇三年春以降、国は各施設ごとに入所検討委員会を設置し、希望者の要介護度・家庭介護期間・介護者の状況・本人の問題行動・申込期間等を、入所基準として点数化を行い、入所順位を決定するように指導した。

最近の茨城の状況を、ＮＰＯ法人いばらき介護福祉の会が〇四年一月に実施した調査から考察したい。それによると「特養への入所希望は各施設とも、定員に対して八〇～一〇〇％に達しており、入所待ちの状態にある」という。入所申請の方式が直接申し込みから検討委員会方式に変更されたが、長期間待たされる状況は、改善されていないようである。

同会が実施した入所希望者一〇〇人の調査を見ると、入所希望の主な原因は「痴呆の進行」三一人、「医療機関に入院し、在宅復帰困難」三三人、「体力低下等」三五人となっている。ここで興味深いのは「在宅復帰困難者」の六一％が「入院によるＡＤＬの低下」を指摘している。同報告は最後に「これらの実態に基づき、受入側の対応としては、特養入所後のリハビリ訓練の重要性が考えられ、寝たきり状態の入所から、車椅子、杖、自立歩行と復帰への過程を観察し、自立による生活へと援助する手立てを考える仕組みを構築することを、考えてゆくべきものと思う」と総括している。

ここでは、入院中に多くの高齢者がADLを低下させ、特養入所待機中にさらに低下したADLの回復を目指して、入所後に、特養職員がリハビリに忙殺される姿が伺われる。特養への入所制限政策が、結果として入所者のADLを低下させ、特養を「終のすみか」にさせているのである。

さらに国は今後の特養対策として、在宅とのバランスをとるという名目で、全室個室の新型特養には、ホテルコストを認めているが、入所料金の高騰は低所得高齢者の入所希望をさらに狭める恐れがある。

特養に入所困難であるという事態は、グループホームの乱立という事態を招いている。茨城では〇三年四月に七三事業所が、〇四年七月に一六〇事業所へと二・二倍に急増している。グループホームは設置要件が緩く民間ビジネスとして参入可能なため、軽度の痴呆性高齢者の生活施設として注目されている。しかし、介護サービスの水準が全国的には低く様々で問題が多い。運営協議会等を設置して、情報交換・サービス向上に努めるべきである。

⑸高騰する介護保険料と負担軽減問題

介護保険の財源は、国が二五％、県と市町村がそれぞれ一二・五％、被保険者が五〇％を負担している。五〇％の内、六五歳以上の第一号被保険者が一八％、四〇～六四歳の第二号被保険者が三二％を負担している。ここで問題なのは、保険者である市町村が徴収する第一号保険者の介護保険料である。保険料は、定額保険料を基本に通常は所得段階別に五区分されているが、逆進性が強く、低所得層で負担が大きい。

二〇〇〇年に始まる第一期の第一号保険料の全国平均は月額二、九一一円、〇三〜〇五年の第二期のそれは三、二九三円で、一三・一％増加している。保険料は地域での総給付額を反映するために、全国で格差が大きい。第二期の最高額は北海道・鶴居村の五、九四二円、最低額は山梨県秋山村の一、七八三円である。施設入所者の多い地域で一般的に、保険料が高い。茨城県の最高はひたちなか市の二九三〇円、最低は岩井市と常北町の一、九〇〇円である。

先に、図表3-5で見たように、茨城は介護サービスの利用が、居宅と施設の両面で少ないために、結果として保険料が全国で最も安くなっている。介護保険の利用が少ないことは、介護関連事業所の立地が少ないことであり、介護サービス環境が「安かろう・悪かろう」の状態にあるといっても過言ではない。

茨城は、平均世帯員規模が全国で最も大きく潜在的な家族内介護力があり、パート労働等に支えられた多就業就労により、女性が介護と社会参加活動をしやすいという特徴がある。こうした構造的な特徴が、外部の介護力導入を抑制し、保険料を低く抑えていると思われる。低所得層の負担軽減は、介護保険法一四二条で規定され、市町村は条例で可能であるが、茨城県内では二〜三の自治体に止まっている。

4 介護保険の「見直し」と茨城県における課題

二〇〇五年度からの介護保険の「見直し」に向けて、〇四年七月、社会保障審議会介護保険部会は「介護保険制度の見直しに関する意見」を発表し、これをベースにして現在、改訂作業が進められている。以下では、見直しの基本的考え方と主な内容について概観し、最後に茨城の当面の課題について検討する。

見直しの基本的な考え方は、制度の持続可能性・超高齢社会の構築・社会保障の総合化を柱にして、①量から質へのサービス改革の推進、②在宅支援の強化と利用者負担の見直し、③市町村の保険者機能の強化、④予防重視型の介護システムへの転換、⑤ケアモデルを寝たきり型から痴呆型へ転換、⑥居宅ケアを家族同居型から、同居＋別居型に拡大する、等が指摘されている。

見直しの主な内容は、①要支援・要介護Ⅰを対象に筋力向上トレーニング等を導入し、総合的な介護予防システムの確立、②在宅と施設の利用者負担の不均衡を是正するために、施設入所者のホテルコストの見直し、③既存のサービスの機能拡大・多様化による、地域密着型のサービスの創設、④介護保険の対象を介護付き有料老人ホームやケアハウスまで拡大する、⑤地域包括支援センター整備や情報開示の徹底等によるサービスの質の向上、⑥被保険者の年齢引き下げ、⑦障害者支援費制度との関係、等である。この内⑥と⑦は、今回の見直しから外されるようである。

次に茨城県の介護サービス利用の現実を踏まえて、いくつかの当面の課題を指摘したい。

第一は、茨城県内の介護サービス利用率が全国最最低クラスという事実についてである。先にも見たように、茨城では近接居住の高齢者が多く近隣扶助という美風があるので、外部介護をそれほど必要としないといわれる。しかし、正しい意味での近接居住高齢者は少なく、それどころか、国立社会保障・人口問題研究所の推計によると、今後二〇年間の都道府県別一人暮らし高齢者増加率は、茨城が二・二三倍で、その伸び率は全国第四位である。茨城は今後、急速に高齢化が進行するのであり、現段階から将来を見据えた対策が必要なのである。

第二は、外部の専門的介護力の活用についての啓発である。「介護は外部の専門サービスを利用し、家族はハートで支援」した方が、高齢者のＡＤＬ維持につながり、介護者の社会参加にもつながると言われる。こうした真の敬老精神を基礎にして、要介護認定率を高めるべきである。

第三は、行政が独自に実施している様々な介護予防・生活支援事業は、ＰＲが不足しているために極めて利用率が低い。介護保険で利用できるサービスには限度があり、自治体の保健福祉サービスや福祉系ＮＰＯ、福祉ボランティア活動の活用が不可欠である。こうしたサービスを介護保険と合わせて活用し、介護予防効果が高まるように、ケアマネジャー等の研修で積極的に情報交流を進めてゆくべきである。

第四に、介護関連事業所の設置が都市部に偏り、農村部の利用環境が悪いことが、サービス利用を妨げているので、町村部の社会福祉協議会の介護事業の活性化、ＮＰＯの立ち上げ、住民参加型介護組織の支援等が必要である。

最後に、介護サービスを日常的な生活感覚で利用できるようにするために、これから始まる社会福祉協議会の地域福祉活動計画の策定、市町村の地域福祉計画の策定等に、高齢者や児童生徒を地域住民として参加させ、家族外の様々な介護サービスが、高齢者のＡＤＬ向上だけでなく、家族生活を向上させるために不可欠であることを、よく知ってもらうことである。

注

1 朝日新聞、二〇〇四年一一月二五日。

2 水戸市高齢福祉課「水戸市高齢者保健福祉推進協議会資料」、二〇〇三年八月。

3 この指摘は、国による介護保険見直しの中で、介護予防重視の根拠になっている。しかし、要介護Ⅰのその後の重度化率は一八・九％で、予防効果は上がっているとの指摘もある。

第4章　地域ケアシステムと在宅ケアチームの実践

第1節　地域ケアシステムの理念としくみ

はじめに

一九九〇年代以降、医療・保健・福祉のサービスは、年々充実しつつあるが、茨城県では在宅福祉三本柱といわれるホームヘルパーの派遣、デイサービス、ショートステイの利用率が全国でも低位の水準にあり、福祉サービスの受け手から見ると必要な所に必要なサービスが行き届いていないのが実情である。

茨城大学地域福祉研究会が茨城県から受託して実施した調査によれば、サービス制度を利用するための申請手続きが複雑であること、世間体を気にするという利用者側の心理的抵抗感やためらい、地域社会内部の福祉に対するコンセンサスの不在、等が原因に挙げられている。また高齢者の多くは、在宅でのいろいろなサービスを受けたいという要望をもっているが、基礎自治体では保健・福祉サービスの一元化が遅れており、利用しにくいと言われる。

1　地域ケアシステムの理念としくみ

茨城県は一九八八年に「高齢者地域ケアシステム事業」を開始した[1]。その後、一九九四年からは高齢者以外にも対象者を拡大して、「地域ケアシステム推進事業」に取り組んでいる。この事業は、サービスの受け手の視点に立って、近隣の協力者や医療・保健・福祉の人材を組み合わせ、支援を必要とする人々が家庭や地域の中で安心して生活できるようにしようというシステムである。その管理体制は**図表4-1**のとおりである。地域ケアシステムは、支援を必要とする在宅の一人暮らし高齢者等を対象にして、個別的に在宅ケアチームを組織し、日常生活の不安を除去するのが主目的であるが、同時に地域住民に対して、福祉意識の高揚を図るための啓発活動も期待されている。

県の要項によれば、地域ケアの組織体制は以下のとおりである。

図表４－１　地域ケアシステムの管理体制

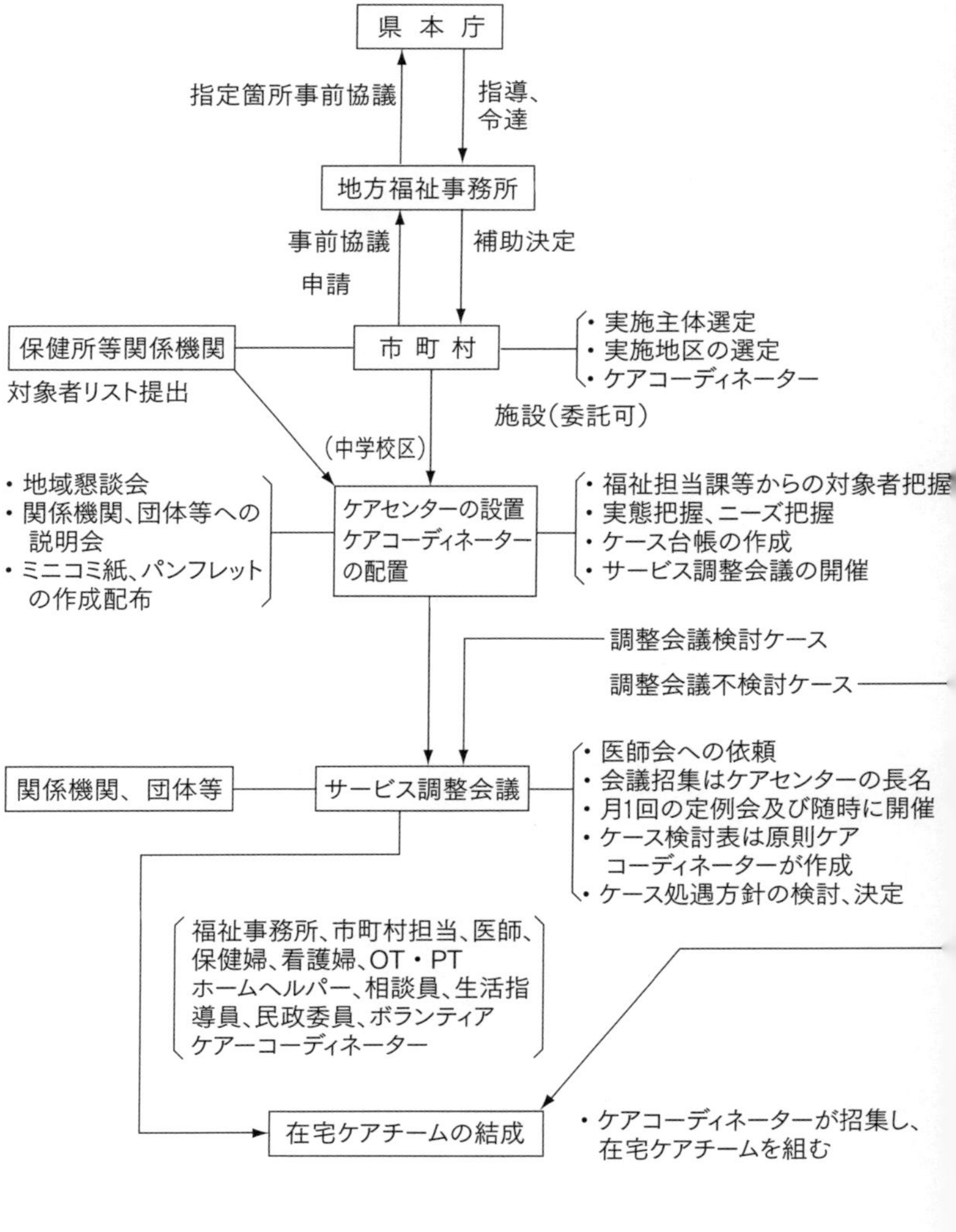

県本庁
指定箇所事前協議
指導、
令達
地方福祉事務所
事前協議
申請
補助決定
保健所等関係機関
対象者リスト提出
市町村
・実施主体選定
・実施地区の選定
・ケアコーディネーター
施設（委託可）
（中学校区）
・地域懇談会
・関係機関、団体等への説明会
・ミニコミ紙、パンフレットの作成配布
ケアセンターの設置
ケアコーディネーターの配置
・福祉担当課等からの対象者把握
・実態把握、ニーズ把握
・ケース台帳の作成
・サービス調整会議の開催
調整会議検討ケース
調整会議不検討ケース
関係機関、団体等
サービス調整会議
・医師会への依頼
・会議招集はケアセンターの長名
・月1回の定例会及び随時に開催
・ケース検討表は原則ケアコーディネーターが作成
・ケース処遇方針の検討、決定
福祉事務所、市町村担当、医師、保健婦、看護婦、OT・PT
ホームヘルパー、相談員、生活指導員、民政委員、ボランティア
ケアーコーディネーター
在宅ケアチームの結成
・ケアコーディネーターが招集し、在宅ケアチームを組む

出所：茨城県保健福祉部厚生総務課資料

(1)県の役割

県は本事業を推進するため事業費の助成を行うと共に、「地域ケアシステム活性化推進事業」を実施する。また、県の福祉事務所と保健所は連携協力して、市町村の支援と指導を行う外、地域ケアコーディネーターによる「地域ケアシステム推進研究会議」を開催する。

(2)実施主体

地域ケアシステムは、市町村が主体になって実施する。市町村は必要に応じて社会福祉協議会等に委託することが出来る。

(3)地域ケアシステムの組織

①ケアセンターの配置

地域ケアシステム推進事業の事務局、推進事業に関わる関係者の活動拠点として、原則上、ケアセンターを中学校区単位に配置する。既存の施設・機関等に併設・併置することは差し支えない。

②地域ケアコーディネーターの配置

地域ケアシステムの実務に従事する担当者として、地域ケアコーディネーターをケアセンターに配置する。地域ケアコーディネーターは、地域において住民の信頼が得られ、地域の実情と関係諸制度を理解している社会福祉主事の任用資格を有する者、保健師、看護師、等の福祉専門職の中から専任され、地域の福祉啓発活動や保健・医療・福祉等の関係機関との連絡調整、サービスを必要とする対象者の実態やニーズの把握、サービス調整会議への諮問、在宅ケアチームの編成等の業務を行う。

③サービス調整会議の開催

対象者一人ひとりの状態にあわせて、最も望ましい保健・医療・福祉サービスを提供するため、各分野の実務者から会議員を選出し、会議員によるサービス調整会議をケアセンターなどで開催し、対象者に対する処遇方針を立てると共に、処遇の経過を点検する。また、会議員は、会議結果に基づく各分野のサービス提供に関しては、対象者への申請指導及び機関決定手続きを速やかに行うべきである。

(4)在宅ケアチームの活動

①地域実態の把握

地域ケアコーディネーターは、対象者の状況とサービス提供側の人的資源、機関、施設等の状況を把握すると共に、保健・医療・福祉関係団体等の協力を得て、対象者の実態やニーズを把握する。

②在宅ケアチームの組織化及びサービスの提供

地域ケアコーディネーターは、サービス調整会議の議論に基づき、援護を必要とする対象者に、一週間のサービスプログラムを計画し、保健・医療・福祉機関の専門家や地域住民、民生委員、ボランティア等からなる在宅ケアチームを編成し、役割分担と相互連絡を図ることにより、的確で総合的なサービスの提供を構築する。

③キーパーソンの設置

在宅ケアチームの効果的な活動を進めるため、それぞれのチームの中で対象者と最も信頼関係の強い人をキーパーソンとしてまとめ役にする。キーパーソンは、対象者と在宅ケアチームの間及び地域ケアコーディネーターと在宅ケアチームの間の連絡調整を行い、対象者のニーズの変化に対応して、適切なサービス提供ができるように、チーム構成員の状況をチェックする。

⑸地域福祉啓発活動

地域社会において、福祉サービスに対する理解を深めると共に、住民の福祉意識の高揚を図り、地域住民やボランティアの参加協力を得るために、地域ケアコーディネーターが中心になって、福祉サービスに関する座談会や広報活動などを行う。

2　ケアシステムの設置状況

二〇〇一年一二月現在、茨城県内のケアシステムの設置状況は以下のとおりである。

八七市町村の内八四で実施され、直営は一三、社会福祉協議会への委託は七一で、多くが社協に委託されている。ケアセンターの総数は一〇三カ所で、中学校区単位という原則には程遠い。サービス調整会議委員の構成は、福祉関係者一一二三人、保健関係者二一八人、医療関係者二三六人で、福祉関係者が主体である。

在宅ケアチームの総数は九一二九で、対象者別にみた内訳は、介護保険給付高齢者一八七九人、一人暮らし高齢者五五八二人、その他の要援護高齢者四四一人、難病患者五〇人、その他一一七七人である。一人暮らし高齢者の割合は六二％であるが、介護保険給付者の中にも一人暮らし高齢者は多いようである。

九一二九チームのキーパーソンの属性をみると、民生児童委員七六・〇％、近隣住民四・一％、ホームヘルパー三・一％、親族二・五％、地区社協役員二・二％、保健師二・二％、在宅介護支援センター職員一・六％、ケアマネジャー一・四％であり、福祉関係を中心に多様な人々がキーパーソンになっているが、その中心は圧倒的に民生児童委員である。地域ケアシステムの実践体制は**図表4－2**のとおりである。

図表4－2　地域ケアシステムの実施体制

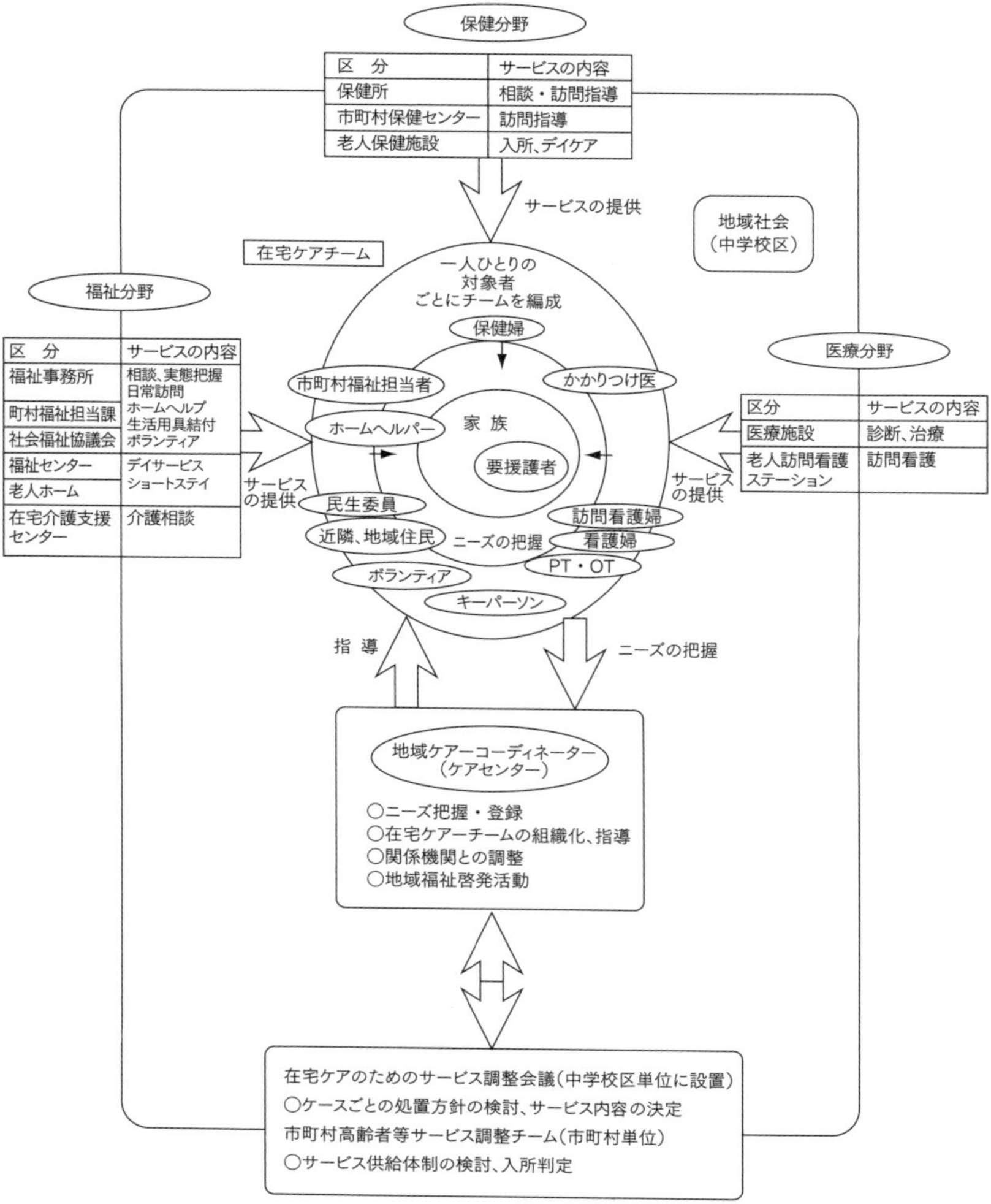
保健分野
区　分 | サービスの内容
保健所 | 相談・訪問指導
市町村保健センター | 訪問指導
老人保健施設 | 入所、デイケア
サービスの提供
地域社会
（中学校区）
在宅ケアチーム
一人ひとりの
対象者
ごとにチームを編成
保健婦
市町村福祉担当者
かかりつけ医
家　族
ホームヘルパー
要援護者
民生委員
近隣、地域住民
ニーズの把握
訪問看護婦
看護婦
PT・OT
ボランティア
キーパーソン
福祉分野
区　分 | サービスの内容
福祉事務所 | 相談、実態把握 日常訪問
町村福祉担当課 | ホームヘルプ 生活用具給付
社会福祉協議会 | ボランティア
福祉センター | デイサービス
老人ホーム | ショートステイ
在宅介護支援センター | 介護相談
サービスの提供
医療分野
区分 | サービスの内容
医療施設 | 診断、治療
老人訪問看護ステーション | 訪問看護
サービスの提供
指　導
ニーズの把握
地域ケアーコーディネーター
（ケアセンター）
○ニーズ把握・登録
○在宅ケアーチームの組織化、指導
○関係機関との調整
○地域福祉啓発活動
在宅ケアのためのサービス調整会議（中学校区単位に設置）
○ケースごとの処置方針の検討、サービス内容の決定
市町村高齢者等サービス調整チーム（市町村単位）
○サービス供給体制の検討、入所判定

出所：図表4－1と同じ。

第2節　水戸市における地域ケアシステムの展開

1　地域ケアシステム事業の実施経過

二〇〇二年四月現在、水戸市の六五歳以上の高齢者人口は四一、五八七人、その内七五歳以上の後期高齢者は一七、三三〇人である。一人暮らし高齢者は二、九七五人である。[2]

一九八八年、水戸市は県から二年間のモデル事業の指定を受け、「高齢者地域ケアシステム推進事業」を始めた。実施地区は緑岡と千波の二中学校区で、活動拠点として老人福祉センター葉山荘にケアセンターを開設し、地域ケアコーディネーター二名を配置した。

一九九〇年、モデル事業は終了したが、水戸市は単独事業として継続実施した。実施地区はさらに笠原・寿・見川・梅が丘の四地区が追加された。

一九九一年、この事業の一部は社協が実施している「ふれあいのまちづくり事業」の内部に位置づけられ、翌年から水戸市と水戸市社協が学区を分けて対応することになった。この年、社協にケアセンターが開設され、一名の地域ケアコーディネーターが配置された。

一九九二年、社協の地域ケアコーディネーターを二名に増員し、水戸市全体では四名になった。水戸市の担当地区は、新たに三の丸・五軒・柳河が加わり、九地区になった。社協の担当地区は新荘・

堀原・常盤・渡里・石川の五地区になった。

一九九三年、社協の担当地区は一二地区に増加した。

一九九四年、県は事業の名称を「地域ケアシステム推進事業」に変え、補助事業として事業を拡大することになった。水戸市担当の学区は七地区が加わり一六地区になった。

一九九六年、前年に社協の「ふれあいのまちづくり事業」が終了したため、市は社協との地区分担制をやめ、すべてを県の補助対象にしたうえで、一元的に社協に事業委託をした。この年、在宅ケアチームに必要なサービス等を検討する「地域ケアシステムサービス調整会議」が設置され、以後、毎月開催されている。

二〇〇〇年、介護保険法の施行により、この事業の利用者の内、介護認定を受けた人はケアマネジャーが介護プランを作成する中で、ボランタリックな形で地域の福祉資源を活用することになり、地域ケアシステムの対象から除かれた。そのために一時期、対象者が減少したが、その後は再び増加傾向にある。

2　地域ケアシステムの実施状況

(1)事業の実施主体

以下は、二〇〇二年三月現在の状況である。水戸市社協が市の委託を受けて、地域ケアシステム推進事業を運営している。ケアセンターは二カ所で、中央ケアセンターは社協の中央ヘルパーステーションに併設、緑岡ケアセンターは水戸市保健センターに併設されている。

中学校区単位に開設という原則に照らすと、水戸市では一四中学校区に対して二カ所しか開設されておらず、原則からはほど遠いことになる。

(2)地域ケアコーディネーターの配置とサービス調整会議

地域ケアコーディネーターは三名おり、一名は中央、他の二名は緑岡に配置されている。三名で三一の小学校区を分けて担当している。一名が平均一〇小学校区という広大な地域を担当しており、十分なアウトリーチに基づき適切なニード把握がなされているか疑問である。

サービス調整会議は、福祉関係一五名、保健関係三名、医療関係二名の合計二〇名で運営されている。

(3)在宅ケアチームとキーパーソンの状況

介護保険が始まる以前のチーム数は一九九六年二三〇、九八年二一七であったが、介護保険が始まる二〇〇〇年には一〇二に急減している。しかし、その後は徐々に増加している。

〇二年三月のチーム総数は一四〇である。その内訳は、介護保険給付高齢者二六、一人暮らし高齢者四五、その他の要援護高齢者一一、身体障害者二七、精神障害者二五、その他六である。チームは新たに編成されるだけでなく、様々な理由で廃止されている。過去一年間に六二チームが新設されたが、二五チームが廃止されている。新設の主なものは障害者関係が多い。

一四〇チームのキーパーソンの内訳は、民生児童委員二八・一％、親族二七・三％、ケアコーディネーター一三・七％、ケアマネジャー一〇・一％、保健師四・三％、近隣者四・三％、その他一三・七％で、県平均に比較すると民生児童委員比率が低く、親族・ケアコーディネーター・ケアマネジャー比率が高くなっている。地域の福祉人材活用が進んでいないといえる。

3　在宅ケアチームの事例検討（一）

以下では、水戸市の統計資料、小学校区の福祉資料、ケアコーディネーターからの聴き取りを中心にして、二つの在宅ケアチームの実態を紹介し、若干の考察をしたい。最初の事例Aさんは、市街地に住む一人暮らしの超高齢女性で「見守り型」の事例である。事例Bさんは、郊外に住む寝たきりの高齢者世帯で「介護型」の事例である。

◆ケースAについて

(1)近隣社会の概要と本人の生活状況

①近隣社会の概要

Aさんの居住する小学校区は、〇二年四月現在、人口は約六、六〇〇人、世帯数は約三、〇〇〇、六五歳以上の高齢者は約一、三〇〇人、高齢化率は一九・三％である。地区内の高齢者世帯は九五、一人暮らし高齢者は一四六人である。この地区は水戸市の中心部に位置し、歴史的な史跡や官公庁が存在し、最近は高層マンションの建設が進んでいる。住民の主な就業先は、卸・小売業、飲食店、金融保険業、運輸・通信業、建設業である。

福祉関係の活動をしている主な団体について、その活動内容を示すと以下のようになる。

ア　自治コミュニティ連合会

五九の町内会と自治会の連合組織である。福祉に関わる主な活動は、敬老会、いきいき健康クラブ、ふれあい電話の支援

イ　社会福祉協議会支部

主な活動は、福祉のまちづくり講演会、敬老会、共同募金立哨、施設慰問、一人暮らし・寝たきり高齢者に対する食事会紹介や弁当宅配、広報誌の発行

ウ　地区高齢者連合会

主な活動は、春のスポーツ大会、環境美化奉仕、三世代ふれあい市民歩く会、忘年会、さんさん祭り

エ　女性会

町内会と自治会に支部あり。金婚式の手伝い、敬老会手伝い、共同募金立哨、三世代ふれあい玩具作り、社会福祉大会参加、一人暮らし高齢者食事会招待、寝たきり高齢者慰問、三世代ふれあ

い事業準備

オ　保健推進支部

健康診断のすすめ、癌健診受付、健康祭り

カ　Kの会（高齢者福祉団体）

福祉相談、高齢者の話相手、福祉送迎サービス

歴史の古い地域のために地縁型組織が強固であり、その活動も社協支部や女性会に見るように、敬老的な視点からの高齢者向けイベント、三世代交流、そして一人暮らし高齢者や寝たきり高齢者支援に集中している。

②Aさんの生活歴と現在の生活状況

Aさんは現在九〇代半ば、生まれは水戸市に近いB市である。尋常小学校にも行かなかったので、今も字が読めない。二〇代で結婚したが三〇代半ばに離婚した。三〇歳までは水戸市C町の飲食店で働き、その後は現在の家を借りて一人で小売りの店を始めた。商売は順調で土地と建物を自分のものにした。老齢のために一〇数年前に、店を閉めた。

現在の収入は国民年金のみで、必要な時は貯金をおろしている。主な支出は、水道・電気・電話等の公共料金、食事代等の日常生活費、火災保険にも加入している。国民健康保険に加入し市の老人医療受給者証を持っているが、共に使用したことがない。住宅は、一戸建ての持ち家で、一階は以前の

店舗と和室・台所・トイレ、二階は部屋の中にゴミがつまっており不明である。

③親族関係

Aさんには市外に住んでいる兄弟がいるが、共に交流はほとんどない。市内に住んでいる一〇数歳年下の妹が、月に一回程度、姉の安否確認に来て相談相手になっている。

④近隣との関係

Aさんは、五〇年以上も現在の所に住んでいるので、近隣の人々とは知り合いが多い。しかし、Aさんは高齢のために近隣関係が少なく、近隣との関係がうまくゆかない。そうした中で、隣近所の元町内会長のDさんが在宅ケアチームの一員として協力している。

⑵ケースの内容

①ケースの概要

Aさんは、女性であり、九〇代半ばという超高齢者になったが、聴力が低下している以外は、ADLに低下は見られない。一人で買物や銀行に行くこともできる。しかし、利用可能な財への執着心が強く、戸外や路上に捨てられている物を拾ってきて、二階に雑然とため込んでいる。近隣からは火災に対する不安があり、ケアコーディネーターや妹の忠告に耳を貸そうとしない。部屋の清掃のためにホームヘルパーの派遣を相談したが本人は拒んでいる。

②ケースの抱えていた課題

㋐住居：家の中が不衛生であり、狭い室内空間で生活している。火災の危険がある。
㋑食事：自炊はしているが、時には不衛生な食事をしている。
㋒衛生：衣類の洗濯や管理が十分にできていない。入浴は好まない。

(3) ニーズ把握から在宅ケアチームの編成と活動

①ニーズ把握から生活福祉サービスの提供過程

○○年四月上旬：地区の民生児童委員から訪問要請があり、地域ケアコーディネーターが初めてAさん宅を訪問。
四月中旬：近隣者の協力を得て、社協のヘルパーと共に最初の室内掃除を実施。
四月下旬：非常時のための緊急通報システム設置依頼（市高齢福祉課）。五月に設置。
五月下旬：火災報知機、自動消火器を設置（市高齢福祉課）。
一二月初旬：古いトイレを水洗式に改造（市高齢福祉課）。
○一年三月下旬：台所でのガス使用が危険なため、電気調理器を設置（市高齢福祉課）。
一二月初旬：ホームヘルパーが週一回の定期訪問を開始（社会福祉協議会）。
○二年一月中旬：火災の危険を減らすために裸電球を蛍光灯に替える（市高齢福祉課）。
一月下旬：銀行に依頼し、預金引出し者を本人とコーディネーターに限定。
二月中旬：ヘルパーと共に、本人を市のデイサービスセンターにつれてゆく。

五月初旬：ヘルパーの派遣回数を週三回に増やす（社会福祉協議会）。
　初旬：ケアマネジャーと協議し、介護保険サービスの利用検討を開始。
　中旬：一年前と同じメンバーで、Aさん宅の大掃除を実施。

②在宅ケアチームの構成

構成員は、社協のホームヘルパー、地域ケアコーディネーター、家族（本人の妹）、近隣協力者、元町内会長、民生児童委員、近くの開業医、市高齢福祉課職員、市市民相談室職員の合計九名である。本人の妹がキーパーソンとして総括的な役割を担っている。

③生活福祉支援サービスの展開

主な支援サービスは、以下の三種類である。

第一に、週三回（一日一時間）のホームヘルプサービスである。これは介護保険のサービスではなく水戸市在宅介護支援センターの軽度生活援助事業の一つである。内容は、身体介護（身体の拭き、着替え等）、買い物と散歩の付き添い、話し相手、等である。

第二に、民生児童委員が週に二回、安否確認と孤独を解消するための事業として、愛の定期便（ヤクルトの配布）を実施している。

第三に、近隣の協力者を中心に本人の相談に乗り、地域ケアコーディネーターが定期的に訪問している。

(4)評価と課題

①地域ケアシステムに対する評価

コーディネーターからの聴き取りによれば、在宅ケアチームに関わる、本人・本人の妹・近隣住民の評価は以下のとおりである。

本人：最初は、市の軽度生活援助事業であるホームヘルプサービスを拒否したが、在宅ケアチームのメンバーが色々なサービスを提供したので、部屋がきれいになったと言っている。

妹：姉は最初は何も言わなかったが、最近は在宅ケアチームのメンバーに、いつもお世話になりましたと感謝している。

近隣住民：以前はいつも火事の恐れがあって、皆は心配していたが、現在は安心している。

②本人と親族の希望

本人：自分で出来るうちは、何でも自分でしないと体がダメになる。このままの生活を続けたい。

妹：私が高齢になり、姉も高齢になり、思うように面倒が見られない。デイサービスに行ったり、ホームヘルパーに来てほしい。しかし、姉が嫌がるので困っている。

③今後の諸課題

Aさんは、禁欲的な生活観に基づき金銭面にはこだわりがあり、なるべく金銭を支出したくないという観点から介護保険サービスの利用を拒否しているようだ。一方、市の独自事業であるデイサービスを提供している施設側も、衛生観に問題のあるAさんに困惑しているようである。キーパーソンの妹は、Aさんが介護保険を利用してほしいと言っており、今後はこの方向でのコーディネーションが大きな課題である。

4　在宅ケアチームの事例検討（二）

◆ケースBについて

⑴近隣社会の概要と本人の生活状況

①近隣社会の概要

Bさんの居住する小学校区は、〇二年四月現在、人口は約九、〇〇〇人、世帯数は約三、一〇〇、六五歳以上の高齢者は約一、〇〇〇人、高齢化率は一一・七％である。この地区は水戸市の南部に位置し、住宅と農地が混在している。最近は新興住宅地域として人口が増加している。住民の主な就業先は、卸・小売業、サービス業、飲食店、建設業、運輸・通信業、等である。

福祉関係の活動をしている主な団体とその活動内容を示すと、以下のようになる。

ア　自治連合団体

三八の町内会と自治会の連合組織である。福祉に関わる主な活動は、親子サイクリング大会、地区市民運動会、地区ふれあいのつどい、文化講演会、生涯学習移動研修会、コミュニティ推進事業、住みよい環境つくり、広報誌の発行

イ　社会福祉協議会支部

主な活動は、敬老会（女性会と共催）、一人暮らし高齢者ふれあい昼食会、福祉施設慰問、歳末支援（寝たきり、障害者）、高齢者慶祝（米寿）

ウ　高齢者クラブ（二団体）

高齢者と子供のふれあい学級、高齢者大学各種活動（年四回）、幼稚園児と遊ぼう、社会奉仕の日参加

エ　女性会（一〇〇人）

一人暮らし食事会（年二回）、健康教室（歩く会）、敬老会（社協支部と共催）、赤い羽根街頭募金参加、「女性会だより」の発行

畑作農村地域であった所に、県営の住宅団地や民間の一戸建て住宅が急増し、新旧住民が混在している。先に掲げた住民組織の多くは、旧住民が主導する地縁型の活動であり、その中に次第に新住民が参加しつつある。

②Bさんの生活歴と現在の生活状況

Bさんは八〇代前半で、生まれは水戸市内、旧制中学校を卒業後に会社員になった。二〇代で結婚したが子供はいない。病気をしたことはほとんどなかったが、九〇年代に頸椎症性脊椎症で手術を受けた。それ以後は寝たきりになり、月二回かかりつけ医の往診を受けている。

主な収入は厚生年金で、妻は年金収入がない。主な支出は、水道・電気・ガス・電話等の公共料金と食事代等の日常生活費である。健康保険は国民健康保険に加入している。

住宅は、四階建て団地アパートの二階で、和室二室とリビングルーム、台所、風呂、トイレである。

③親族関係

家族は二人で、六〇代の妻が夫を介護している。市外に住む妻の兄夫婦と姉夫婦が時々訪問し、介護を手伝っている。

④近隣との関係

ここに越してきてまだ一〇年たっていないので、近所との付き合いはほとんどない。近くに住んでいる民生委員が時々訪問している。

(2) ケースの内容

①ケースの概要

Bさんは男性であり、手術を受けた後に寝たきりになった。妻はほぼ同じ時期に股関節の手術を受けたが、退院後も在宅で夫の介護を余儀なくさせられた。

Bさんは高血圧症であり、時々、高熱を出していた。その上、妻は子供の頃に患った病気が原因で身体障害者のため、介護の負担は大きかった。在宅介護中に、妻が転んで骨折し、介護ができなくなったのを契機に、九〇年代中頃、地域ケアシステムを利用することになった。

②ケースの抱えていた課題

㋐本人：術後の経過が悪く寝たきりになり、時々熱を出していた。

㋑介護者：身体障害者であり、介護中に転んで骨折したのを契機に、夫の介護が不可能になった。

⑶ニーズ把握から在宅ケアチームの編成と活動

①ニーズ把握から生活福祉サービスの提供過程

九五年九月中旬：状況把握のため、地域ケアコーディネーターが初めて訪問。Bさん夫婦はホームヘルパーの派遣を希望。

九月下旬：ホームヘルパーの利用開始。一一月からは週二回に（市社協）。

九六年一月中旬：在宅介護支援センター職員と共に訪問。必要な介護用具を確認。主治医が週二回往診することになる。

二月初旬：車いす・ベッド・歩行器・ポータブルトイレを支給。トイレと風呂場に手すりと滑り止めを取り付ける（市高齢福祉課）。

九七年一〇月中旬：Bさんの通院先のPTが、訪問リハビリ指導を開始。

九八年六月初旬：風呂場にすのこを取り付ける（市高齢福祉課）。

七月初旬：Bさんがショートステイを利用。妻は毎月一回の利用を希望。

一二月：緊急通報システムを設置（市高齢福祉課）。

②在宅ケアチームの構成

構成員は、地域ケアコーディネーター、民生委員、近隣協力者、在宅介護支援センター、ショートステイ施設、デイサービス施設、主治医、病院のＰＴ、市高齢福祉課、市保健師、市訪問看護師の合計一一人（機関）である。キーパーソンは民生委員である。

③生活福祉支援サービスの展開

介護保険制度の利用以降はやや内容が変わるので、以下ではその前段階でのＢさん夫妻の一週間の利用内容を示す。月曜日は九時から一五時までデイサービス利用。火曜の午前と金曜の午後二時間に市のホームヘルプサービスを利用。内容は、身体介護、おむつ交換、買い物、掃除、調理である。水曜日は訪問看護を利用、その内容は入浴介助と健康チェックである。ＰＴと民生委員は随時訪問している。

⑷評価と課題

①地域ケアシステムに対する評価

コーディネーターからの聴き取りによれば、在宅ケアチームに対する、夫妻と親族、キーパーソンの評価は以下のとおりである。

夫妻と親族：今の住んでいる所に引っ越してきて、まだ慣れていない内に、夫が寝たきりになり、夫婦のみの生活は困難になった。その時、在宅ケアチームのメンバーが色々なサービスを提供してくれたので感謝している。

キーパーソン：在宅チームの数多くのメンバーが関わったので、老夫婦を支えることが出来ている。

②夫妻の希望

最後まで家で暮らしたい。

③今後の諸課題

今後は介護保険を利用することになるが、現状が維持されればよい。

5　水戸市における地域ケアシステムの問題点

水戸市において、地域ケアシステムは要支援在宅高齢者の生活を有効に支えており、重要な役割を果たしていることは言うまでもない。しかし、地域ケアシステムの対象者やサービス調整会議のあり方について、以下のようないくつかの課題が感じられる。

(1)地域ケアシステムと介護保険との関係

○○年四月から介護保険制度が施行された。周知のようにこの制度の目的は、高齢者介護の抱える問題を解決するために、医療・保健・福祉の連携に基づき、サービスを効率よく総合的に提供できる利用者本位の仕組みを構築することにある。しかし、介護保険が提供するサービスは、一部が地域ケアシステムと重複しており、両者の調整が充分にできていない。

⑵サービス調整会議の構成員

地域ケアシステムの対象者支援について協議する際、医師と保健師の存在は重要である。しかし、水戸市サービス調整会議の参加者には、医療と保健の関係者が少なく、今後は両関係者を増やす必要がある。

⑶地域ケアコーディネーターの定員確保

地域ケアシステムの目標の一つは、中学校区単位にケアセンターを設置し、ケアコーディネーターを配置することである。しかし、水戸市には一四中学校区があるが、ケアセンターは二カ所、ケアコーディネーターは三名しか配置されていない。

在宅ケアチームを支える人材や施設の供給を考慮すると、社協支部や在宅介護支援センターの活動範囲も考えながら、ケアセンターの設置やコーディネーターの配置を考えるべきである。

⑷連絡ノートの有効な活用

在宅ケアチームのメンバーが対象者を訪問した際、訪問情報を引き継ぐために連絡ノートがある。

しかし、このノートは実際に使用されてなかったり、使用されていても連絡役として充分に活用されていないことがあるようだ。

(5)対象者に関する資料作成と管理

地域ケアコーディネーターによる対象者管理は、未だに手作業で行われている。実務的な作業を効率化するために、対象者に関する資料の作成・管理は早急に電算化が必要である。

(6)システムの評価体制の確立

茨城県や水戸市でも、地域ケアシステムの事業評価体制はできていない。そのためにケアチームが実践している役割や成果を客観的に評価することが出来ない。当面は自己評価の仕組みを検討すべきである[3]。

注

1 茨城県保健福祉部厚生総務課「地域ケアシステム活性化推進事業資料」。
2 水戸市高齢福祉課の「高齢者地域ケアシステム推進事業資料」。
3 本節執筆にあたり、水戸市社会福祉協議会のケアコーディネーターの方々には、多忙な中、調査研究にご協力をいただいた。ここに感謝の意を表したい。なお、この調査研究は、国際交流基金の招待で筆者の研究室に来日した、北京日本学研究センター大学院生の任春生君との共同作業として始まり、聴き取り調査の多くは任君の力量に負うことが多いことを付記したい。

事例研究においては対象者のプライバシーに配慮して、生活状況等を概数化した。

第5章　地域包括支援センターの構想と現実

第1節　地域包括支援センターの理念とネットワーク形成

はじめに

社会経済のグローバル化の中で、地域社会の空洞化が叫ばれて久しい。そうした中で、多くの地方自治体はその地域の個性を生かしたまちづくりを住民と協働で創造し、地域の活性化と空洞化対策を進めている。

社会福祉の領域でも、一九八九年の高齢者保健福祉推進一〇カ年戦略、いわゆるゴールドプランの策定を契機に、在宅福祉サービスの量的拡大と共に、在宅介護支援センターの整備を中心に、面としての地域福祉環境の創造を目指して、在宅の高齢者介護生活を支える福祉ネットワーク作りが始まった。

家族介護を主体とする日本の在宅介護の考え方には様々な批判があるが、一九七〇年代以降、家族の介護機能が急速に縮小し、近隣の相互扶助的サポートが脆弱化する中で、家族や地域社会からの在宅介護支援センターへの現実的な期待が高まったことは確かである。

しかし、二〇〇〇年に介護保険制度が発足し、ケアマネジャーが在宅介護支援の業務を始めると、在宅介護支援センターの地域介護における役割が曖昧になった。二〇〇六年には介護保険法が大幅に改正され、介護予防の中核として地域包括支援センターが活動を開始した。介護予防は、医療・保健・福祉の専門家の連携により実施されるが、その予防効果を高めるためには、地域社会における受け皿としての福祉ネットワーク、日常生活圏の福祉環境整備、即ち地域包括ケアの具体化と実践が不可欠である。

しかし、同センターが発足して一年半、大きな期待をされながらも、専門業務としての内部環境と受け皿としての外部環境の両面において、未解決の課題が多い。本節では、地域包括支援センターの設置理念である地域包括ケアの可能性を求めて、最初に同センターの設置理念を概観し、次に諸課題の現況を考察する。最後に在宅介護支援センターの従来の実績を活かしながら、いかにして外部環境の整備を進めるか、別の言い方をすれば、行政と同センター・住民が協働してどのように日常生活圏の福祉的再生・活性化をすべきかについて考察したい。

1　介護保険法改正と地域包括支援センターの役割

二〇〇五年六月に介護保険制度の見直しが決定し、一部を除き翌〇六年四月から改正介護保険法が施行された背景には、次のような事情がある。〇〇年四月に新しい介護保険法が施行されて以降、要介護認定者は予想を超えて急速に増加し、特に要介護度の低い要支援・要介護一の対象者では要介護度の改善・軽度化があまり見られなかった。このことは、介護サービスの利用を通じて高齢者の自立支援を重視する同法の趣旨からすれば、大きな問題であった。さらに、団塊の世代が七五歳の後期高齢者になる時代状況を考察した、厚労省による『二〇一五年の高齢者介護』調査報告は、急増する認知症高齢者の増加に備えて、「高齢者の尊厳を支えるケアの確立」とりわけて「地域包括ケアシステムの確立」を要請するものであった。

介護保険法の改正の柱は、①予防重視型システムへの転換、②施設給付の見直し、③新たなサービス体系の確立、④サービスの質の確保・向上、⑤負担のあり方・制度運営の見直し、である。この中で①が特に重視され、軽度者の要介護状態の軽減と悪化防止を目的にした「新予防給付の創設」、要支援・要介護になる恐れのある高齢者を対象にした介護予防のための「地域支援事業の創設」が謳われ、これらは、地域包括支援センターで対応することになった。

『地域包括支援センターマニュアル』によれば、地域包括ケアの全体像は、「四つの事業内容を主体にした地域包括支援センター」とそれを支える「地域包括支援ネットワーク」である。従来、同センターへの関心は、四つの事業内容に収斂する形で論議されることが多いが、本来のあり方は専門職が連携して、ワンストップサービス窓口として様々な観点からの相談に対応し、同時に社会資源をネットワーク化して同センターの活動の受け皿である支援ネットワークを作り出すことが期待されている。

同マニュアルによれば、地域包括ケアとは「自助努力を基本にしながら家族の助け合い、公的なサービスや非公的なサービス、地域の支え合いなどを活用しながら、地域福祉の多様なつながりの中で実現されるものもの」である。重要なことは「個々の職員の高い能力と同時に、何よりも保健・医療・福祉の専門職、専門機関相互の連携、ボランティア等の住民活動などインフォーマルな活動を含めた、地域の様々な社会資源の統合、ネットワーク化」である。「地域包括支援センターは、生活圏での地域包括ケアを有効に機能させるために」「地域のネットワークを構築あるいは再生するなどの取組を第一の柱としながら、個別サービスのコーディネートをも行う」機関である、と述べている。[1]

2 地域包括支援センターの設置と機能をめぐる諸課題

地域包括支援センターは、住民と高齢者の日常生活圏を考慮して人口二〜三万人に一カ所、全国で五〜六千カ所が〇七年度までに設置されることになっている。厚労省の調査（〇六年四月時点）によれば、設置カ所は三四三六で、未設置の自治体が一二・二%ある。同センターは自治体設置が原則であるが、自治体の直営は三四・三%、社会福祉協議会委託一二・四%、社会福祉協議会以外の社会福祉法人委託三一・六%、医療法人委託一一・五%、その他一〇・一%である。

茨城県内の設置状況は、四四市町村の内四二ヵ所、直営六二・〇%、委託三八・〇%で、全国に比べて設置が遅れており、直営の比率が高い。その背景には新しい制度が開始された直後であり、初年度は自治体直営のモデル的なセンターを作り、状況を見ながら整備を進めようという政策判断がある。

同センターの全国的な設置状況は、筆者の知る限りでは大都市とその周辺地域では進んでおり、地方の都市・農村地域では相対的に遅れているようだ。その背景には都市部では、介護保険法が施行される以前から、総じて在宅介護支援センターの業務に対するニーズが高く、そこでは社会福祉士や看護師等の専門職が十分に配置され、在宅介護世帯のニーズに対応していた。そのために地域包括支援センターの設置にあたり、在宅介護支援センターの機能を拡大再編成して対応することができた。

しかし、地方社会では地域により濃淡の差はあるが、家族介護力への依存が強く介護予防への関心が相対的に低いために、在宅介護支援センターの利用は一部の家族に限られ、自治体側の在宅介護支援も地域支援事業への関心の低さに象徴されるように、必ずしも熱心ではなかった。そうした事情が都市部と地方社会の相対的な設置格差を生み出しているようである。

そこで以下では、地方都市を中心にして地域包括支援センターの現状と問題点を考察したい。茨城県水戸市（人口二六万人）は、直営の地域包括支援センター一カ所と相談窓口を八カ所設置している。〇六年一〇月、事業開始半年間の事業実績を概略すると以下のとおりである。

①介護予防ケアマネジメント、指定介護予防支援業務

保健師等が中心に、特定高齢者と介護保険の要支援一・二の対象者に対して、介護予防ケアマネジメントを実施。特定高齢者介護予防ケアプラン作成数、二七件。要支援一・二の介護予防ケアプラン作成数、四八九件。

②総合相談支援業務

社会福祉士・主任介護支援専門員・保健師等が、本人家族などから医療・福祉・介護保険・虐待等に関する様々な相談を、面接・電話・訪問等で対応し、関係機関及び制度利用につなげる等の支援。相談支援件数、四六三件。

③権利擁護業務

社会福祉士等が中心に、民生委員等では解決できない処遇困難な高齢者に対して、専門的継続的な支援をする。高齢者虐待防止等ネットワーク構築検討会の開催。相談件数、七八件。

④包括的・継続的ケアマネジメント業務

主任介護支援専門員等が中心に、他職種・機関と連携してケアマネジャーが抱える支援困難の指導・助言。相談件数、一三五件。

次に、同センター運営協議会に提出された主要問題は、以下の三点である。

①要介護状態になるおそれの高い特定高齢者の候補者が見込みよりも大幅に少ない。さらに、対象になっても介護予防事業につながらない。参加につながるような体制作りの検討が必要。
②要支援一・二の対象者の介護予防ケアプラン作成件数が、計画見込みの約半数であり、今後、急激な増加は見込めない。
③センター機能は、介護予防ケアプラン作成業務が主となり、地域の抱える問題を解決するための働きかけやネットワーク構築の機能など、本来の目的である業務が充分発揮できない。

①は全国的に見られる問題で、その原因は特定高齢者を把握する基準の厳しさ、住民検診等の元気高齢者が集まる場での把握調査に原因があるといわれる。[2]その後、厚労省が基準を緩和し、自治体側も把握調査の機会を多様化したため、この問題は緩和しつつある。だが、特定高齢者が把握されても彼らを介護予防事業に参加してもらうには、依然として課題があるようだ。

②は、旧制度の要介護一の六〇％が新制度の要支援に移行すると想定し計画したが、実際には移行者が見込みより少なく、また、新たな要支援者が全国平均に比較して少ないという当地の事情があるようだ。

③について。水戸市はネットワーク構築を本来の目的と考えているが、全市を一つのセンターが管轄し、八つの福祉圏域に委託設置された窓口センターは、相談業務と書類の申請代行のみのため、ネットワーク構築が遅れているようだ。

水戸市に類似した関東周辺の地方都市の地域包括支援センターを同市の調査から見ると、設置形態は多様であるが、ネットワーク構築以前の問題を抱える自治体が多いようだ。具体的には、生活圏域等へのセンターの設置計画はあるが、モデル的なセンター一〜二ヶ所の設置や相談窓口としてのブランチの委託に止まっている。

なぜ、センターの増設は進まないのか。法的にはセンターの設置責任は市町村自治体にあるが、民間事業所等への委託も可能である。その際、このセンター事業の財源は当該自治体の介護保険給付の中から三％を上限として効率的に支出されることになっている。

人口二〜三万人の生活圏にセンターを設置する場合、社会福祉士・主任ケアマネ・保健師各一名を配置すると、人件費と事務費を含めて約二〇百万円前後が必要といわれる。しかし、関東周辺地方都市の委託計画をみると、一カ所当りの委託料予算は九〜一七百万円で少額かつ多様である。在宅介護支援センター等の民間事業所側からすれば、この金額での受託は経営の赤字を招く可能性があり、委託者である自治体から見ると、仕様書に従って委託した場合、特定高齢者の把握数と介護予防活動への参加者が少ない現状では、非効率な財政運営ということになりかねない。相当の事業量が見込めるか、受託する事業所側に余程の工夫がない限り日常生活圏域へのセンター設置は困難ということになる。茨城県内では、社会福祉協議会が受託したセンター業務を自治体に返上するケースも出ている。

3　在宅介護支援センターの資源活用と調査研究活動

堀川涼子氏は、地域包括支援センターの母体として期待される在宅介護支援センターが蓄積してきたノウハウを、もっと生かすべきだと主張する。さらに次のように述べている。「介護予防とは単純に、介護プランを立てて介護保険給付費を抑制するということではない。在宅福祉ニーズの最大の課題は」、「①本人が対象者とされることへの忌避、②介護予防への認識不足、③介護予防事業の情報不足、④社会資源の不十分さ」により、「ニーズが潜在化することであり、また発見されてもサービスに結びつきにくい点である」。これらの壁を崩すためには「専門職による地域住民との密接な関わりと信頼関係の構築を基にした地域福祉活動の展開が不可欠である」[3]。

全国在宅介護支援センター協議会は、同センターの蓄積したノウハウを生かすべく様々な調査実践活動をしてきたが、〇六年に刊行した『地域支援事業における在宅介護支援センターの活用』は貴重な情報に満ちている。例えば、介護予防サービスを実施するセンターを受託した場合の住民・自治体のメリットとして、①従来どおりのケアの継続性が保たれる、②二四時間三六五日の体制が確保できる、③直営に比べて委託費の軽減が期待できる、④地域の社会資源を組み合わせた総合的支援が出来る、⑤障害者や児童などに対応してきた実績が将来的に生かせる、と指摘している[4]。

同協議会を構成する青森県や岩手県の協議会では、地域固有の課題を設定して積極的な調査研究活動をしているが、従来の「待ちの姿勢」から「要援護者宅に出向く」という姿勢の転換を通じて、堀川氏が指摘する地域福祉活動も可能になると思われる。

様々な工夫の結果、転倒予防や食生活改善支援等の通所型介護予防教室が軌道に乗ったとしても、そこに参加していた高齢者が事業終了後、自宅に閉じこもりになった場合、事業成果は消散してしまう。「地域包括支援ネットワーク」という日常生活圏域の受け皿づくりは、地域包括支援センターの活動成果を拡大再生産するために、不可欠の存在なのである。

大森弥氏は「地域包括の名を付されたセンターは、狭義の介護・福祉の機関というより、まちづくりの拠点ととらえる方が適切かもしれない」[5]と述べている。最後にこうした視点も加味して、いくつかの実践事例を検討したい。

4　日常生活圏での地域包括支援ネットワーク形成

最近、地域包括支援センターの内外から、日常生活圏における多様な社会資源をネットワーク化する動きが広まっている。自治体や社会福祉協議会が主催する家族介護者の会は、当事者だけでなく介護経験者やボランティアが参加しており、ネットの基礎をなすものである。

神戸市では支援センター独自の活動として、民生児童委員、友愛訪問ボランティア等と連携・協働しながら、地域住民間で見守りができるコミュニティづくりを支援するとともに、新たに介護予防の推進を図る「地域見守り活動推進事業」を進めている。

千葉県市川市では、在宅療養者の総合的ケアシステム推進事業を発展させる形で、介護保険制度の開始時に自治体直営の基幹型在宅介護支援センター三カ所を立ち上げ、さらにその成果を引き継ぐ形

図表５－１　我孫子Ｋ地区（Ｋ中学校区）の面的配置構想

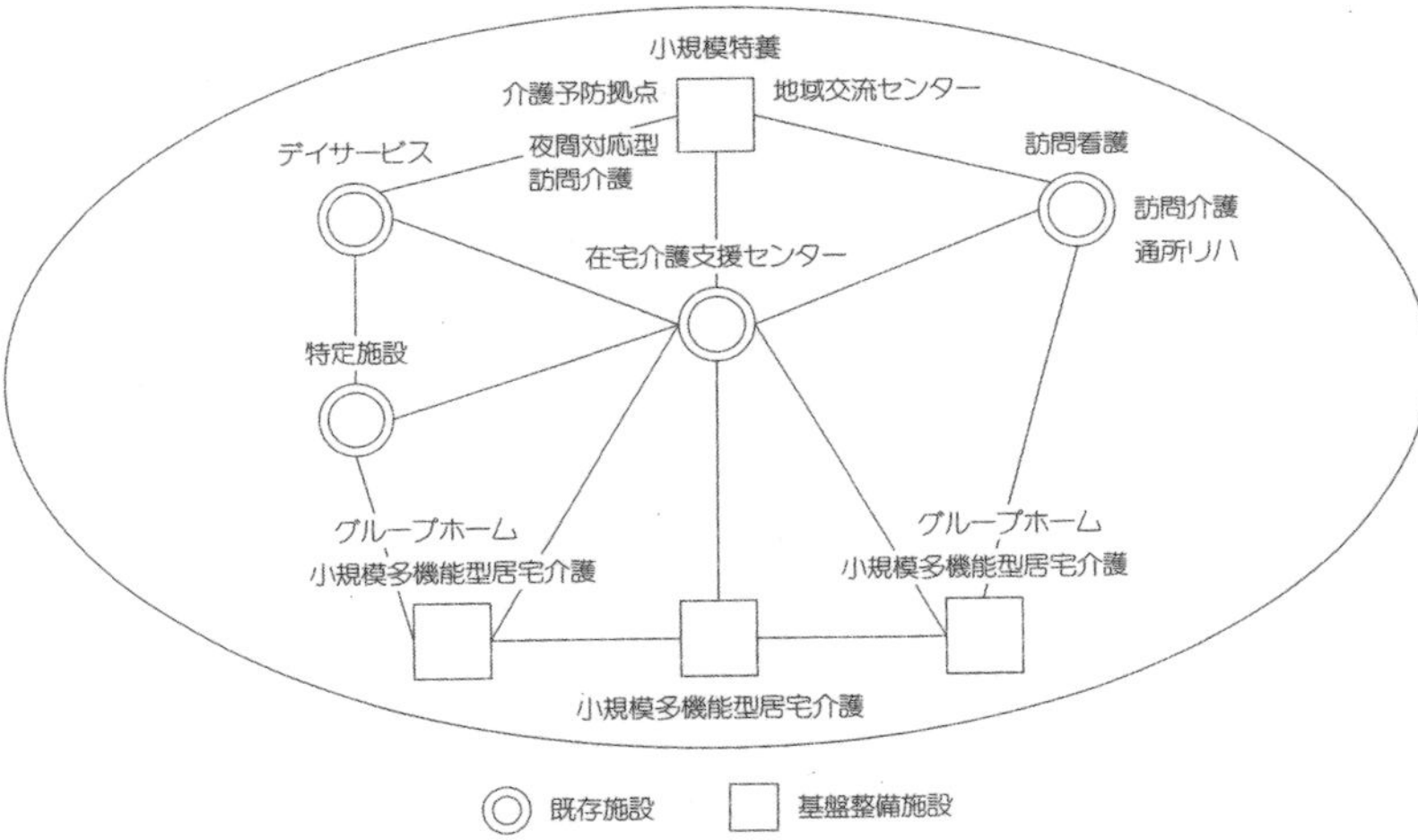

出典：我孫子市『我孫子市地域看護・福祉空間整備計画』より

で三カ所の地域包括支援センターと一二のブランチが配置された。担当課長は「地域の人や組織を巻き込んだ活動が出来るのも、住民主体の視点を持ったからこそです。問題が生じた高齢者に支援を行うだけでなく、予防的視点で地域全体を捉えた事業展開をする所が市川の保健師の特徴」であると述べている。ここには日常生活圏に根ざした長期の地域保健活動の蓄積が生かされている。[6]

最後に、同じ千葉県の我孫子市では、「地域における公的介護施設等の計画的な整備等の促進に関する法律」に基づき、六カ所の日常生活圏域ごとの「地域介護・福祉空間整備計画」を進めている（**図表５‐１参照**）。同市では、市民の身近な地域活動の基盤である中学校区を単位に、地域福祉コミュニティとしての日常生活圏域が設定され、そこを単位に社会福祉協議会の支部や在宅介護支援センターが開設されてきた。今回の計画では点として整備されてきた福祉施設を、面としてネットワークとして捉え直し、「地域再生の観点を踏まえ、空き家、空きビル、空き店舗など地域の既存資源を有効活用し、効果的かつ効率的に整備を図」かると述べている。[7] ここには地域包括ケアを具現化した姿を展望することが出来るが、その背景には福祉サイドと地域生活形成サイドの双方からの、地道な計画的施策展開の歩みを無視することが出来ない。

第2節　地域包括ケアの可能性と阻害要因

はじめに

公的介護保険がスタートして早一〇年になろうとしている。この間、高齢者の介護をめぐる環境は大きく変動した。制度がスタートした段階では、「介護の社会化は、日本の古き良き家族の美風を損なうものである」、「家族内介護者にはそれなりの手当を支払うべきである」等の様々な意見が噴出した。介護をとりわけ必要とする七五歳以上の後期高齢者が増え、家族の小規模化と女性の社会参加が進めば、家族の介護力は低下し介護の社会化は不可欠となる。そうした中で社会化の方法として、なぜ第二の税金ともいうべき社会保険方式をとるのかという疑問もあった。

一九九〇年代、いわゆるゴールドプランによる在宅福祉三本柱（ホームヘルプサービス、デイサービス、ショートステイ）を中心にした在宅福祉サービスが始まった時、茨城県のサービス利用率は、様々な理由により全国最下位の水準にあった。しかし、介護保険制度が導入され、保険料を支払い一割の自己負担による介護サービス利用が始まると、県民の介護意識は大きく変わり、介護サービスの利用は飛躍的に増大した。

九〇年代には保健の分野で、要介護高齢者の減少などを通じて、健康寿命の延伸と生活の質の向上を図ろうという動きが出てきた。介護の分野でも介護予防の考え方が、二〇〇五年の介護保険法改正を契機にして大きくクローズアップされた。この背景には全国の介護サービス利用量が予想以上に増え、その結果、三年ごとに改訂する保険料が高額になり、保険財政を改善するには介護サービス利用量を削減せねばならないという事情もあった。

以上のような状況を確認した上で、本節では介護保険法改正後の茨城の介護について論じたい。すべてを議論するわけにはいかないので、改革の焦点になった介護予防、その中核として期待される地域包括支援センター（以下、「包括センター」という）の構想と現実について述べることにしたい。

最初に茨城の介護サービス利用の概況、次に包括センターの構想と茨城県内での整備状況、それらを踏まえて水戸市を事例にしてなぜ包括センター整備が進まないのかを検討し、最後に県外の自治体の事例を参考にしながら、茨城の今後の課題を考えてみたい。

1　茨城の介護サービスの現況

茨城県の高齢者福祉計画と介護保険支援計画である『いばらき高齢者プラン21、第四期』によれば、介護サービスをめぐる現況は以下のとおりである[9]。

茨城県の総人口は、二〇〇八年一〇月現在で二、九六八、三九六人である。二〇〇五年を境に茨城は人口減少社会に転じた。その主流は労働人口と年少人口の減少である。これに対して高齢者人口はどうか。二〇〇八年一〇月現在、六五歳以上の高齢者人口は六三五、三二三人で高齢化率は二一・四％である。二〇一〇年には二二％を超え、二〇二〇年には三〇・一％に達すると推計されている。二〇三〇年代の超高齢社会に向けて、これから胸突き八丁の段階が始まるのである。

従来、茨城県は家族規模が大きいために家族内介護力があり、三世代家族で生活する高齢者が多いために、外部の介護サービス利用が少なく、そのために介護保険料も他県に比較すると低廉であるといわれてきた。しかし、これからはどうであろうか。

高齢者が生活する家族を見ると、二〇〇五年の単身家族は二二・二％、高齢者のみ家族は三二・五％で、合計すると五四・七％になる。二〇一五年には五九・五％になると推計されている。この数字が示しているのは、「子どもと孫に囲まれた三世代家族」は「古き良き二〇世紀の福祉遺産」になりつつ

図表5-2 要支援・要介護認定者のサービス利用状況の見込み

区分	2009年度	2010年度	2011年度
居宅サービス利用者（人）	54,907	57,813	60,662
居宅サービス利用率（%）	62.6%	62.9%	62.9%
施設サービス利用者（人）	19,900	20,906	22,108
施設サービス利用率（%）	22.7%	22.7%	22.9%
未利用者（人）	12,884	13,205	13,726
未利用率（%）	14.7%	14.4%	14.2%
計	87,691	91,924	96,496
	100.0%	100.0%	100.0%

出所：「いばらき高齢者プラン21第4期」35頁

あるということだ。二一世紀の高齢者生活モデルは、高齢者のみ家族と一人暮らし高齢者家族であり、自立した生活意識と効率的な福祉資源の活用、そして小さな家族を補う近隣や地域社会のサポートが不可欠になる。

介護サービス利用はどうか。二〇〇九年から始まる三カ年の第四期計画によれば、以下のとおりである。要支援・要介護認定者数は、二〇〇九年に八七、六九一人（全高齢者の一三・六%）であるが、二〇一一年には九六、四九六人（同一四・二%）になると推計されている。高齢者人口の増大に伴い要介護者が増えるだけでなく、長寿社会化により介護を必要とするリスクが次第に高まってゆく事実に注目する必要がある。このことは介護サービスの内容だけでなく、リスクを回避するための介護予防の重要性を示している。

要支援・要介護認定者のサービス利用状況の見込みは**図表5-2**のとおりである。二〇一一年（平成二三年度）の居宅サービス利用者は六〇、六六二人、施設サービス利用者は一三、七二六人と見込まれている。ここで問題なのは

「未利用者」である。未利用者というのは、介護保険の要支援・要介護の認定を受けたにもかかわらず、介護サービスを利用せず家族介護のみに依存している高齢者である。彼らがどのような介護環境にあるのかは重要な課題であるが、ここではこれ以上は触れない。

第四期プランは、「誰もが健康で生きがいを持ち高齢期を主体的に暮らせる環境づくり」という政策目標を掲げ、それを実現するために四つの施策と九つの重点課題を示している。本節では茨城県の介護予防を主眼にするために、「人にやさしいコミュニティづくりの推進」という施策の下にある「互いに助け合い、支え合う地域社会づくり――地域包括ケア体制の推進――」に焦点をあてて考察したい。その前に介護予防における地域包括ケアとは何かについて触れておきたい。

2　地域包括支援センターと地域包括ケア

二〇〇六年の介護保険制度改正により、介護予防の拠点として包括センターが設置されることになった。その主な業務は以下の事業である。

第一に、放置しておけば要介護状態になる恐れのある虚弱な高齢者を対象にした、介護予防事業の実施（介護予防ケアマネジメント事業）。第二に、高齢者が住み慣れた地域で安心して生活を継続できるようにするための、状況把握や初期段階からの相談と対応（総合相談・支援事業）。第三に、民生委員やケアマネジャー等の支援だけでは問題解決が困難な高齢者に対して、成年後見制度の活用、虐待への対応、消費者被害の防止等を図る（権利擁護事業）。第四に、ケアマケジャーと主治医との連携はもとより他職種との協働を図りながら、高齢者の介護状況の変化に応じた対応の構築（包括的・継続的ケアマネジメント支援事業）。

これらの事業を図示すると**図表５-３**のようになる。

包括センターの基本的な姿は、二〇〇七年一月一六日の厚生労働省老健局計画課長通知を参照すると、およそ次のようになる[10]。

包括センターは市町村が設置できるが、公正中立な法人に委託することもできる。設置区域は、保健福祉圏域や生活圏域との整合性に配慮し効率的に業務が遂行できる圏域に設置するのが望ましい。具体的には高齢者三千～六千人を単位とするのが適切であり、これは地域の高齢化率にもよるが、人口規模に直すとおよそ二～三万人前後ということになる。

先の四種の事業は、包括センター内の職員である社会福祉士・主任ケアマネジャー・保健士等で自己完結するものではない。包括センターを下支えする「市町村の他機関との連携」がなければ、包括センターの業務は絵に描いた餅になりかねない。この点について「通知」は「事業の留意点」として以下のように述べている。

「（包括センター）の事業を効率的かつ効果的に実施するに当たっては、介護サービスに限らず、地域の保健・福祉・医療サービスやボランティア活動、インフォーマルサービスなどの様々な社会資源が有機的に連携することができる環境整備を行うことが重要である。

図表5-3　地域包括支援センター（地域包括ケアシステム）のイメージ

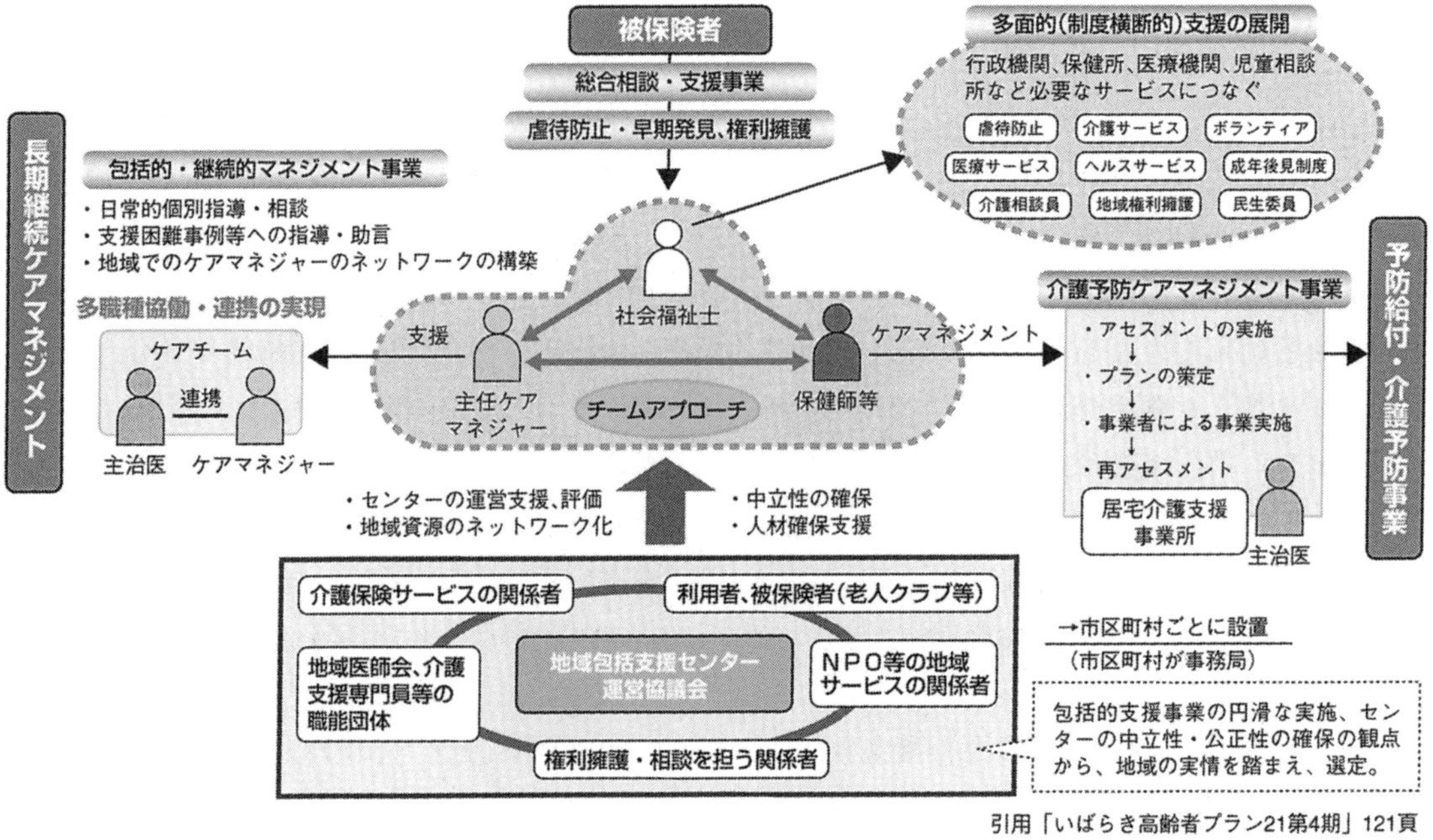

被保険者
総合相談・支援事業
虐待防止・早期発見、権利擁護
多面的(制度横断的)支援の展開
行政機関、保健所、医療機関、児童相談所など必要なサービスにつなぐ
虐待防止
介護サービス
ボランティア
医療サービス
ヘルスサービス
成年後見制度
介護相談員
地域権利擁護
民生委員
長期継続ケアマネジメント
包括的・継続的マネジメント事業
・日常的個別指導・相談
・支援困難事例等への指導・助言
・地域でのケアマネジャーのネットワークの構築
多職種協働・連携の実現
ケアチーム
連携
主治医
ケアマネジャー
支援
社会福祉士
主任ケアマネジャー
チームアプローチ
保健師等
ケアマネジメント
介護予防ケアマネジメント事業
・アセスメントの実施
・プランの策定
・事業者による事業実施
・再アセスメント
居宅介護支援事業所
主治医
予防給付・介護予防事業
・センターの運営支援、評価
・地域資源のネットワーク化
・中立性の確保
・人材確保支援
介護保険サービスの関係者
利用者、被保険者(老人クラブ等)
地域医師会、介護支援専門員等の職能団体
地域包括支援センター運営協議会
NPO等の地域サービスの関係者
権利擁護・相談を担う関係者
→市区町村ごとに設置
(市区町村が事務局)

包括的支援事業の円滑な実施、センターの中立性・公正性の確保の観点から、地域の実情を踏まえ、選定。

引用「いばらき高齢者プラン21第4期」121頁

出所：「いばらき高齢者プラン21第4期」35頁

このため、こうした連携体制を支えるものとして、『地域包括支援ネットワーク』を構築することが必要である。例えば、行政機関、医療機関、介護サービス事業者、地域の利用者やその家族、地域住民、職能団体、民生委員、介護相談員及び社会福祉協議会等の関係団体等によって構成される『人的資源』からなるネットワークが考えられる。」

介護予防を具体化するには、先の四つの事業が必要であり、これは別の言い方をすれば地域包括ケアと表現できる。ここで重要なことは、四事業の総体としての地域包括ケアが単に事業を実施するだけでなく、事業の目標を実現するためには「通知」のいう地域包括支援「ネットワーク」が不可欠であるということである。

二〇世紀の措置時代の福祉マネジメントは、どちらかといえば要援護者個人（ケース）に比重が置かれたが、二一世紀の契約型福祉の時代はサービス提供（ケア）の過程が重視されてきた。ケアがグループ化・コミュニティ化されるにつれて、ケアの構造化ないしネットワーク化なくしては介護サービスの効果が定着しないという事実を忘れてはいけない。

3 地域包括センターの整備と設置の阻害要因

茨城県内の包括センターの設置状況はどうか。先に見た第四期プランによれば、二〇〇八年四月現在、設置市町村四四、包括センター数五六、その内訳は自治体の直営三四、社会福祉協議会や社会福祉法人等への委託二二となっている。生活圏等を考慮し、仮に人口三万人に一カ所設置とすると、茨城県内の包括センターの望ましい数は一〇〇カ所となる。どうしてこのように整備が遅れているのか。また、包括センターを下支えするネットワークについてもあまり話を聞かない。茨城県内の包括センターは徐々に設置が進んでいるが、介護予防の機能を十分に発揮できるような量と質が形成されているのだろうか。

以下では、県庁所在地の水戸市を例に、包括センター運営協議会資料を参考にして、包括センターの業務や形成過程、設置の阻害要因を考察してみたい。

水戸市では二〇〇六年四月からの包括センターの業務開始を前に、〇五年に次のような設置計画が策定された。設置目標として、日常生活圏（人口規模の平均は約三・三万人）八カ所に各一カ所の包括センターを設置する。初年度の〇六年は市直営型一カ所を開設し、全市を対象に運営を開始する。ここでは基幹的・中枢的役割と先駆的役割を担う。〇七年から〇八年にかけて民間委託型の包括センターを七カ所増設する。整備が完了するまでは、従来から機能している在宅介護支援センターに窓口的機能を委託する。

このように企画された包括センターの業務実態はどうであったか。第一に介護予防ケアマネジメント事業について。初年度は、要支援対象者の効率的な介護プラン作成が重視されたため、包括センターの職員は新予防給付の介護予防ケアマネジメント業務（四、九一六件）に忙殺されている。介護予防の目玉ともいうべき特定高齢者（放置しておけば要介護状態に陥る可能性がある人）の把握事業は、国が示した調査法が不適切であったため、期待値三％に対して現実の決定者は〇・六％（三一〇人）の高齢者しか集まらず、介護予防事業は低調に終わっている。

開設二年目の〇七年は、新予防給付の業務が倍増し、給付業務の民間事業所への委託数を一・五倍に増やしたが、包括センター職員はさらに書類作成業務に忙殺されることになった。特定高齢者把握は前年比五倍になり、介護予防事業は活発になった。

第二に総合相談・支援事業は、社会福祉士・主任ケアマネジャー・保健師が協働で対応し、〇六年は四二九件、〇七年は四六一件になっている。第三に権利擁護事業は、対応件数が二一四件から一三八件に減少しているが、これは初年度にそれ以前からの問題相談が集中したためである。第四に包括的・継続的ケアマネジメント支援事業として、主任ケアマネジャーを中心にした相談支援が〇六年二六八件、〇七年二四七件報告されている。ネットワーク形成については議論されていない。

八カ所の窓口センターには、包括センターのブランチともいうべき相談や申請代行業務等が委託されている。

こうした状況の中で、包括センターの設置計画はどうであったか。〇七年は窓口センターの相談件数が少なく、市側の包括センター参考見積り依頼に対して、民間事業所側の提示額が大きく乖離していた。また受託者の範囲が未だ具体的でないという理由で、新設計画は見送られた。〇八年には、市内八カ所の窓口センターに聴き取り調査を実施した所、保健師確保に問題が多い、虐待等への処遇が不安、委託料の面で折り合いがつかない、制度的に不安定である等の課題が明らかになり、増設を検討するに至らなかった。

以上、水戸市では包括センターの生活圏への設置が計画どおりに進んでいない。そのために包括センターの生命ともいうべき「ネットワーク形成」にも手がつけられていない。

県内の多くの自治体が水戸市と同様に、一カ所で公設の場合が多く、ネットワーク化も進んでいない。その理由は何か。水戸市と類似する部分が多いが、水戸市が〇七年に実施した県内主要都市のアンケート調査によれば、主な理由は以下のとおりである。自由回答の内容は、いずれも水戸市と類似している。

・受託側の人材確保が困難で、委託できない状況である。
・介護予防支援に多くの業務時間を要し、地域包括支援のネットワーク支援が遅れている。
・在宅介護支援センターをブランチとして活用しているが、活動に差がみられ運営指導を強化する必要がある。
・介護予防事業の拡大に当たり、一カ所の支援センターでは対象者の増幅に対応できない。包括センター業務を委託する事業者を探しているが、現行の補助体制では難しい。
・人件費負担が多いため、直営・委託を問わず新たな設置は難しい。
・三職種の質の向上が今後の課題であり、地域の福祉関係者等がリーダー的役割をもって支援できる体制になるまでは、多少時間がかかる。

４　行政と民間の信頼関係を重視したネットワーク形成

地域包括支援ネットワークの形成は、理想像として想定されるものではない。二一世紀型の地域福祉にとって、日常生活圏単位に不可欠のものである。二〇世紀の福祉政策は行政主導で個別ニーズ対応的なものが多く、自治体の対応が遅れても、要援護者に被害が及ぶものの周辺の人々は、第三者として我関せず的態度でいることが多かった。しかし、介護予防事業の当事者は、虚弱であると自覚した高齢者のみではない。筋肉トレーニング等の事業に参加して成果が見られたとしても、アフターケアがなければ元のもくあみになる。生活圏域を単位にして、介護事業を支える受け皿が構築されねばならないのである。

地域包括支援ネットワーク形成の努力は、様々な地域で行われている。水戸市が〇七年に実施した地域包括支援センターの類似都市（水戸市と同様な社会経済的な性格を持つ都市）調査は興味深い情報を提供している[11]。調査対象二五市の内、包括センターが一カ所は六市、二〜三カ所四市、四〜五カ所一市、六〜七カ所六市、八〜九カ所三市、一〇カ所以上四市、不明一市となっている。

一カ所というのは少数派であり、人口二〇万人台の都市の多くが生活圏に沿った包括センター設置に取り組んでいることがわかる。自由回答を見ると、「ケアプラン作成に追われながらもネットワーク形成に努力している」、「委託料が少ないので法人からの持ち出しで対応している」、「日常生活圏についは、包括の利用者が増えたので、職員は担当地区の利用者に関わるように調整している」等の記載がみられる。

興味深いのは盛岡市（人口二九万、七カ所設置）である。包括センター運営の課題を次のように語っている。「包括的事業と介護予防支援事業の業務分担が、各地域包括支援センターでうまく使い分けできておらず、そのため、包括的支援事業が雑になった。委託料の中立性、公平性は清算書などから保たれていると判断できる。この最大の理由は、旧在宅支援センター時代からの相互の信頼関係があったと思われる。圏域ごとに委託した課題（傍線は筆者）については、旧在宅支援センターが概ね中学校区に存在したものを、地域包括支援センターへ再編するに当たって設定した圏域が広すぎるため、実態把握などの業務が困難になったという点が挙げられる。」

ここでは一九九〇年代から、全国各地に存在した在宅介護支援センターという地域社会の福祉組織と自治体が上手に協働し、包括センターとして育てていること、生活圏単位の包括センターへの業務委託が機械的平等ではなく、地域の個性的な課題に即して行われていることがわかる。民間事業者との関わりの歴史とそこで形成された信頼関係を政策に織り込むことことにより、地に着いた包括センター業務実施が可能になり、ネットワーク形成の素地が同時に形成されてゆくことがわかる。[12]

ネットワーク形成の例としては金沢市（人口四五万、在宅介護支援センター二三カ所）が興味深い。[13]民間委託の在宅介護支援センターは、民間法人のために営業活動と見なされ、地域性を理解せず事業者の顔が見えない。これらのことが住民から信頼を得にくい原因なのでその改善に努めたという。さらに各支援センターに地区住民・民生委員・地区社協代表による運営懇談会が設置され、支援センターの共同性・公共性が高まったという。特定高齢者のアフターケアや虚弱高齢者へのリーチアウトを行う地域福祉ネットワークは、民生委員・介護保険事業所・婦人会・コンビニ・薬局・福祉ＮＰＯ等によって構成され、介護予防教室や生きがいサロン等を支えているという。

これらの背景には、授産・施療・託児をめぐる善隣館の歴史があるという。地域福祉のネットワーク形成は、生活福祉問題に取り組んできた福祉の歴史を考慮することにより、公・共・私の三領域の架橋が可能になるのである。

5　今後の課題

生活圏に即した包括センターの開設とそれを支えるネットワークは、地域の社会資源の活用の仕方で様々なものが構築されていることがわかる。ここでは最後に、茨城の今後の検討課題として四点を指摘したい。

第一は在宅介護支援センターの活用である。茨城では家族介護の考えが強かったために在宅介護支援センター利用が一部の住民にとどまり、社会資源としての共同的な役割が過小評価されてきたように思える。共同的な役割をどのように維持し持続させてゆくか、これは今後の行政の新しい役割である。事業者側も自己の公共的役割を再認識し、地域に働きかけてゆく必要がある。

第二は市町村総合計画で策定している生活圏を単位にして、福祉計画や防災計画と共に、福祉サービスや施設の配置状況を福祉空間として図示し住民に示すことである。福祉空間の管理計画を住民参加で作成することにより、民間の事業所は「地域福祉共同体」の一部として住民から評価される。民間事業所間の疎遠な関係も解消される。

第三は自治体内部で展開されている介護予防に関する様々な事業を体系化することである。例えば、茨城県ではシルバーリハビリ体操の指導士養成と指導士による体操の普及活動が公民館や老人福祉センター等で積極的に行われている。健康な高齢者の参加が多くのばあい見られるが、特に事業評価が行われていないようである。これらの事業は特定高齢者のアフターケアに結びつけ、重要な福祉マンパワーとして地域包括支援ネットワークに位置づける必要がある。

第四に介護予防事業実施の視点を、供給・行政サイドからユーザー・住民サイドへと転換することである。従来、福祉行政や衛生行政は官主導で実施されてきたが、それは最低生活の保障や生活の安全性確保というナショナルミニマムからの要請に基づくものであった。しかし二一世紀の将来を見通した生活の安全性は、行政や社会保険に頼るだけでは不完全であり、福祉ネットワークが必要になる。それを可能にするのが多様な住民参加であり、住民の組織づくりを第一義的に重視するのが、住民サイドの視点である。

注

1　厚生労働省『地域包括支援センター・マニュアル』二〇〇六年、三頁。
2　『朝日新聞』二〇〇六年一〇月二九日朝刊。
3　堀川涼子「介護予防推進に向けた在宅介護支援センターの役割と今後のあり方」『美作大学・美作大学短期大学部紀要　第五一号』二〇〇六年、五五頁。
4　全国在宅介護支援センター協議会『地域支援事業における在宅介護支援センターの活用』一八頁。
5　大森弥「地域包括支援センターのめざす方向」『月刊福祉』二〇〇六年一〇月号、全国社会福祉協議会、一五頁。
6　藤ケ谷明子「保健師たちの一五年間の挑戦で築きあげたネットワーク」『介護保険情報』二〇〇七年一〇月号、六四頁。
7　「動き始めた介護支援ボランティア制度」『介護保険情報』二〇〇七年一一月号、八〇頁。
8　我孫子市『我孫子市地域介護・福祉空間整備計画』二〇〇五年五月、三一頁。
9　この計画は、〇九年から一二年度までの三年間を対象にしている。
10　平成一九年一月一六日、厚生労働省老健局計画課長・振興課長・老人保健課長通知「地域包括支援センターの設置運営について」。
11　二〇〇七年六月、地域包括支援センターの運営状況を明らかにするために、社会経済的に水戸市と類似する全国の三二都市を調査した。回答件数は二五件。
12　岩手県内における在宅介護支援センターと地域包括支援センターの現状と課題については、岩手県地域包括・在宅介護支援センター協議会『地域包括・在宅介護支援センターに関するアンケート調査』

二〇〇七年三月、に詳しく紹介されている。

13 http://www.mhlw.go.jp/topics/2007/03tp0313-1.html 二〇〇九年七月七日参照。

第6章　介護サービス評価の展開と当事者主体の評価

第1節　介護評価実践の多様な展開

はじめに

二〇〇五年度の介護保険の見直しと連動し、適正な介護保険事業の質の確保と持続を求めて、介護評価についての関心が高まっている。

筆者が理事長を務める、NPO法人介護支援いばらきは、二〇〇三年に水戸市から「介護評価」の研究調査の委託を受け、国や先行する自治体の介護評価についての考え方や実践を参考にして、「地域の個性や特殊性を考慮した、事業所のサービスの質向上と利用者への適切な介護情報の提供」を目標に、関係者からの聴き取りやアンケート調査を実施した。

その過程で強く感じたことは、先行する自治体と後発の自治体との評価環境の落差が、あまりにも大きいことである。先行する自治体では、老人保健福祉計画策定以降の福祉に関する高い企画能力を背景に、地域の大学やＮＰＯと協働して評価事業が進められている。他方、多くの後発の地域では国の指針に基づき、県社会福祉協議会等が評価団体・評価者の育成、またはその準備に奔走しているのが実情のようだ。

中央での議論も、当初は介護サービスの質を高め・確保するための多様な介護評価であったのが、最近は第三者評価そのものに関心が集中し、評価システムのあり方が変容している。

以下では、介護評価をめぐる政策の変容、自治体や福祉ＮＰＯの介護評価実践や課題等について考察してみたい。

1　介護評価をめぐる政策の変容

一九九三年三月に全国社会福祉協議会から刊行された『特別養護老人ホーム・老人保健施設のサービス評価基準』はその冒頭で、厚生省は「これまでオープンな議論が十分されてこなかったサービス面全般について調査を行い、サービスの内容について評価し、改善のためのアドヴァイスを行う、いわゆる『サービス評価事業』を行うことになりました」と述べている。

この背景には、ゴールドプラン以降、多様化する福祉ニーズに対応できる処遇内容の充実が課題となり、それを事業者団体自身が評価基準を設定し自己評価する中で達成しようとする意欲が窺える。

一九九八年一一月、厚生省社会・援護局長の私的懇談会として、第三者評価事業の検討会が設置され、二〇〇一年三月に「福祉サービスにおける第三者評価事業に関する報告書」が提出された。この中で「第三者評価事業の仕組みの全体像」が始めて示され、国が「認定機関及び第三者評価機関に関する基準を作成し」、認定機関は全国で一機関、第三者評価機関は「少なくとも各都道府県に一機関は必要」という提言がなされた。

二〇〇〇年六月に施行された社会福祉法は、第七八条で福祉サービスの質の向上のための措置等を規定し、経営者は自ら質の評価を行う等の努力義務、及び国がそれを援助する措置、について述べている。二〇〇二年度からは周知のように、グループホームを対象にした介護評価が開始された。

社会保障審議会介護保険部会の審議は、二〇〇五年現在、取りまとめの段階にあるが、介護評価については、社団法人シルバーサービス振興会に設置された調査研究委員会で検討がされている。そこでの基本的な考え方は、利用者本位・自立支援・自己選択という介護保険の基本理念の制度的構築の下で、介護評価については、従来の「評価者が一定の基準に基づいて、介護サービス事業者の基準の達成度合を評価する」のに対して、今後は「すべての事業所を対象にして、利用者の事業所選択に資する情報を確認し、その結果のすべてを開示する」というのが、「新たな制度的な枠組み」のようである。評価における客観的事実の重視、開示情報の標準化がキーワードのようだ。

2　介護評価実践の多様な展開

介護評価環境が変化する中で、具体的な介護評価実践はどのようになっているのか。ここではその主体・方法・内容等について、簡単に触れてみたい。

全国老人福祉施設協議会編集による『老人ホーム機能・サービス評価チェックリスト』は、特別養護老人ホーム等がサービス内容を時系列的に自己評価し、自主的に施設内容を改善するのに貢献してきた。

先に見た一九九三年の全国社会福祉協議会編『サービス評価基準』は、自己決定・残存能力の活用・サービスの継続という三つの基本理念の下で、六領域一〇〇項目の評価内容を設定し、第三者による訪問面接調査で主に四段階評価し、施設側の自主的改善努力を支援する、という仕組みになっている。ここでは利用者調査や自己評価調査は行われていない。

二〇〇一年の『福祉サービスにおける第三者評価事業』では、事業者のサービスの質向上と利用者へのサービス選択情報の提供を目的に、七評価対象九三細目が設定され、認定された評価機関が書類による事前審査と九三細目の訪問審査を行い、受審したすべての事業所の評価結果を公表する、という。利用者調査は一二のヒアリング項目が「参考」として設定されている。

　市民活動レベルの評価事業は、全国で多様な動きが見られる。市民互助団体全国協議会は、二〇〇〇年に「納得する介護サービスを受けるためのチェックリスト」を作成し、利用者が介護の業種ごとに事業者を選択し確認するための判断材料を廉価で提供している。神戸市消費者協会も、同年に市の委託を受けて評価事業を開始している。

　自治労は介護保険開始以前に、「市民との協同を深め、自治体改革を推進」するために、「自治労介護評価指標」を提案している。

　先行する自治体での独自な取り組みも増えている。福岡市では、事業者評価・利用者評価・第三者評価を実施している。事業者評価と第三者評価は同じ評価項目について、前者は当事者、後者は社会福祉協議会の介護支援専門員等が調査し、利用者評価もそれらと共通する評価項目を設定することにより、サービスの提供側と利用側の評価データが比較検討できるようになっている。

　武蔵野市では、高齢者福祉総合条例の中にサービス評価を位置づけ、契約における利用者の不利な状況と保護の必要性、事業者に評価受審を促すための措置等を講じている。具体的には、事業者や評価団体への財政的支援を含めた評価環境の醸成が意図されている。

　名古屋市では事業者の自己評価調査とユーザー評価調査が実施され、それらの評価結果を事業所にフィードバックし、改善に向けてのコメントと公開に関する同意を得た後、詳細なデータを一般に公開している。データは業種別事業者・ユーザー別に評価設問ごとの回答分布と平均点、個別事業所別に評価設問ごとの自己評価点と業種平均点およびユーザー評価平均点等が、開示されている。

京都市では名古屋のような開示方式に加えて、個別事業所の評価開示の中に評価分野ごとの平均点がレーダーチャート形式で示され、評価結果が一目で判別できる。こうした工夫は多くの自治体で利用されている。

3　福祉NPO等の市民的参入と東京都の第三者評価

一九九八年一二月のNPO法の施行により、従来のボランティア団体に加えて多くの市民団体がNPO法人として発足した。介護保険法の施行に伴う介護サービスの民営化により福祉系NPOが急増したが、同時に措置時代には見られなかった市民社会的視座からの様々な福祉的価値や文化が顕在化しているように思われる。

福祉系NPOは、全国社会福祉協議会やいくつかの都道府県が実施している、第三者評価のための評価研修に参加し、基本的には国のガイドラインに準拠しながら、他方では地域性や市民性を重視した評価手法を考えているようだ。

全社協が開催した二〇〇一年と二〇〇二年の評価調査者養成講習会の情報交換資料から、二〜三の団体の評価手法に触れてみたい。

NPO法人「ゆうらいふ」は一九九八年に設立し、滋賀県内で居宅介護支援事業・ホームヘルパー養成をしてきたが、二〇〇一年から評価事業の研究をしている。この団体は厚生労働省指定版を基本にしながらも、福祉サービスの質の確保・保証についての公開講座の成果や姫路市の介護評価を参考にして、第三者評価基準を独自に策定するという。

評価の実施体制・方法では、事業所の自己評価に加えて職員や利用者へのインタビューが企画されている。研究資料の中で評価者のあり方について「評価は文書審査になりがちである。証拠書類や文書準備状況の確認だけでは、事務処理が巧妙な事業者に対して、その真偽を問うことができない。利用者に対する取材、関係者に対する聴き取り、労組・自治会等の内部牽制組織に対する意見聴取」も必要であると、興味深い指摘をしている。

NPO法人「福祉を拓く会」は、一九九九年に設立され、京阪神圏の介護老人福祉施設等の調査評価事業や評価研究会を実施している。この団体は二〇〇一年に「高齢者のための国際連合原則」をもとに、高齢者施設ケアの価値目標を概念化し、調査項目に反映している。厚生労働省・アメリカのJCAHO・大阪府・東京都等の評価項目・基準を検討し、「市民評価プロジェクト」事業が構想されている。第三者評価には、一定の範囲での利用者調査・家族調査・職員調査が併用されている。

今後の第三者評価に関して、「行政が第三者評価に安易に取り組み、監査とも後見的な行政指導とも区別のないような第三者評価に手をつけることは妥当ではない」と指摘した後で、民間評価機関自体の情報公開の義務付け等を、新たな行政の役割として提言している。

社団法人「かながわ福祉サービス振興会」は、NPO法人ではないが一九九七年に設立され、同年に介護サービス評価の検討を開始し、二〇〇一年に評価プログラムの運用を開始している。第三者評価の方法は、事業所調査と利用者調査を事業所に依頼し、二つの調査の業界における偏差値のマトリックスとしてその事業所を評価しているのが特色である。ここでは利用者評価が事業所評価と同等に位置づけられている。今後の改善策として、「事業所自らがサービスの質を向上させるために、利用者の声をフィードバックさせる仕組みの構築」を提言し、利用者評価の更なる重視を指摘している。

以上、データはやや古いがNPO関連団体の、第三者評価についての考え方や実践を見てきた。これらの団体に共通することは、第三者評価という公共性の高い事業を民間団体が担うという責務の重大性に鑑み、国や先行する地域の経験や実践に学びながらも、「利用者がサービス選択をする際の、有効な情報提供」を第一義にして第三者評価を意義付けていること。さらに、利用者調査の重視ということから、調査項目の標準化・客観化に対して柔軟に対応していること。そして、評価団体自体の情報公開等による、評価する者とされる者との対等化、即ち「市民化」への多様な志向が感じられる。

東京都は独自の第三者評価システムの実施を目指して、精力的な検討をしてきた。二〇〇二年四月の『検討会報告書』によれば、以下のような独自性が見られる。

評価機関については、「多様な評価機関がそれぞれの視点で、事業者の特色を活かし、事業者自らがサービスの質の向上に取り組み、経営、事業の改善に役立つような評価を行う事が必要である」。「事業者の特色あるサービスを育てるためには、公的な主体が評価を行うよりも、それぞれの視点を持った多様な評価機関が行うことが必要であり、民間のシンクタンク、調査会社、研究機関、NPOなど多様な主体が想定される」という。

評価手法について、利用者調査は「利用者へのアンケートや対面聞き取り調査等を実施し」、満足度を把握するという。事業評価は「第三者である評価者が、所定のプロセスに沿って事前調査及び訪問調査を実施」するという。自己評価は評価手法に採用されていない。

「利用者が評価結果を比較し選択でき、事業者が他の事業者と比較できるようにするため、各評価機関が共通して評価を行う、共通評価項目」が設定され、業種ごとのモデル調査表が提示されている。これは大変興味深いものであるが、「訪問調査・利用者調査」表を見ると、共通評価項目とはいえ、設問数は二〇でサービス内容が主であり、利用契約等の評価項目はない。

評価機関は現在一〇〇団体を越え、報告書が期待したように多様な団体が認証を得ている。しかし、評価者が不足していたり、評価報酬が五〇万円を越える等、問題もあるようだ。「事業評価分析シート」には、カテゴリーごとに「評価の根拠」を一～五項目の範囲で記述するようになっており、評価機関を評価する仕組みが組み込まれている。

おわりに

東京都の第三者評価事業は、意欲的で独創的なものであり、民間活力を最大限に活用しようという点は興味深い。しかし、事業者の自己評価が行われず、利用者評価調査もサービス内容中心の満足度調査に止まっている。本節の最初に検討した厚生省社会・援護局の評価方式とはかなり乖離しているようだ。

先に紹介したNPO福祉を拓く会は、『GOWAの評価』の中で、「これまでのほとんどの評価項目は、サービス提供者の仕事の区分けをもとにした項目でしたが、利用者の生活の質の方から基準を立てること」、「単に文書主義ではない、価値方向性を明確に持っていることを意識する必要」等を指摘している。これらの点は、利用者の立場に立った市民的評価の基底をなすものであろう。

後発的な地域では、よく言われるように利用者と事業者の勢力的関係は対等ではない。利用者弱者の立場は、介護情報の公開によりすぐに改善されるわけではない。第三者評価は、サービス選択情報の改善を促すものだが、事業者と行政の関係が実質的に対等でない以上、評価機関の公正な評価にも歪みが生じかねない。評価事業の「市民化」以前に、評価環境の更なる改善努力が必要である。

第2節　介護サービス評価をめぐる当事者評価の試み

はじめに

社会福祉事業の民営化が進むにつれ、福祉情報の開示と施設水準の維持向上を目的に、福祉施設評価に関する議論が活発である。その結果、厚生労働省主導で社会福祉サービスに関する評価事業が全国の都道府県で実施されるようになった。

本節では、福祉社会学の立場から課題の設定を行い、集権化する施設評価に対して、当事者主体の評価実践の有効性について検討したい。

最近、脱福祉社会＝不安型社会（U・ベック）が進行する中で、地域社会の空洞化や家族生活の私化、生活文化の商品サービス化により生活関心の外部化と拡散化が著しい。

地域社会の空洞化は、社会全体の不安定化を促進するので、政府は最近の地域政策として社会関係資本（R・パットナム）の考え方を活用して、地域社会における協業と分業の日本的再形成を重視している。例えば、伝統的地域資源を活用した地方都市のまちづくり、旧中間層の地縁的連帯関係に注目した地方中小企業の再連携等が挙げられる。

小泉内閣以降の聖域なき財政改革の下では、従来の社会保障制度が十分に機能しなくなり、高齢者や児童の虐待に見られるように、中流階層の生活不安が広範囲に形成されつつある。そうした中で、地域や近隣の福祉人材を活用したファミリーサポートセンターや一人暮らし高齢者を対象にしたふれあいサロン等の、新しい地域共助組織が形成され、これらは近隣の再発見・再評価に繋がるといわれている。

こうした地域福祉関係のインフォーマルな福祉サービスの拡大は、福祉サービス提供という福祉目的とは別に、結果的には新しい福祉コミュニティ作りを通じて、地域生活組織の再活性化に連なるといわれる。

地域社会における福祉サービス・施設の果たす役割は、福祉サービスの側面と地域社会再生の側面とを有している。地域福祉を重視した福祉事業の展開は、「地域社会の中で」から「地域社会そのものにより」へと発展するにつれ、地域社会の再活性化・再組織化と緊密な関係になっているのである。

本節では、以上のような理論的政策的な関心の下で、高齢者福祉サービスや施設がもつ福祉コミュニティ形成的な役割に注目する。具体的には、福祉サービスを提供する側の役割実践評価とそれを利用する側のサービス受容意識が十分に高まり、同時に相互の役割期待が一致するようになれば、福祉コミュニティ形成的な機能も高まると想定できる。そこで以下では、介護保険の対象となる福祉サービスの種類ごとに、事業者側と利用者側の福祉サービス評価データを比較しながら検討を進めることにしたい。

1 「地域資源性」を重視した当事者評価調査の設計

ここで検討の素材として利用するのは、〇三年から〇四年にかけて水戸市保健福祉部が実施した「介護サービス適性評価調査」である。具体的には、〇三年四月に筆者が理事長を勤める「NPO法人介護支援いばらき」に水戸市から調査研究が委託され、すべてのデータ処理を介護支援いばらきが実施した。評価内容や方法については、先に見た名古屋市や福岡市の実践を参考にした[2]。

評価調査の対象は、訪問介護、訪問入浴、訪問看護、通所介護、通所リハビリ、短期入所生活介護、介護老人福祉施設、介護老人保健施設、合計八種類である。それぞれについて事業所調査と利用者調査を実施したので、調査表は一六種類になる。

調査対象者は、利用者調査が全体で一、〇〇〇名、事業者調査が全体で一〇〇事業所を抽出し、個別面接を併用した郵送調査を実施した。回収率は利用者調査が五四・五％、事業所調査が九一・〇％であった。

評価調査の項目は介護内容の精査が目的ではないので、利用者・事業者別に以下のように六項目群を設定し、四〇〜六〇の設問構成にした。

〈利用者調査の評価項目群〉

・事業所との契約関係　　・介護サービスの提供体制
・利用者本位のサービス内容　　・機能訓練等
・地域社会との関係（入所施設のみ）　　・介護サービス利用の安全体制
・介護サービスの全体的評価

〈事業者調査の評価項目群〉

・事業経営の基本方針　　　　　　　・利用者との契約内容
・介護サービスの提供体制　　　　　・利用者本位のサービス内容
・機能訓練等　　　　　　　　　　　・地域社会との連携（入所施設のみ）
・施設の安全管理体制

すべての調査票の設問内容を示す余地がないので、ここでは「介護老人福祉施設利用者調査」の七項目群、三九設問を例示しておく。

(1)事業者との契約関係

1職員勤務体制の掲示、2掲示内容の満足度、3事前面談時の説明と同意、4説明と同意の満足度、5事業所との契約、6契約の満足度、7契約の変更・中止、8変更・中止手続きの満足度、9領収書の内容、10領収書の内容の満足度

(2)介護サービスの提供体制

11事業所からの意見聴取、12寝食の分離、13言葉づかい等の満足度、14施設整備の快適性、15居室以外のくつろげる場所、16面会時間・場所の満度、17外部への電話の対応、18苦情に対する事業所対応の満足度、19一時身体拘束、20人権・プライバシーへの配慮、

(3)介護サービスの内容

21施設内移動方法の説明、22散歩・外気浴の満足度、23買物・外出の満足度、24食堂や食卓の

工夫、25食事メニュー等の満足度、26入浴・清拭の満足度、27入浴・清拭の介護者性別、28排泄支援の満足度

(4)機能訓練等

29身だしなみ等への配慮、30機能訓練の満足度、31レクレーション等の満足度、

(5)地域社会との関係（入所施設のみ）

32家族・近隣住民の行事参加、33施設ボランティアへの参加、

(6)介護サービス利用の安全体制

34事故や安全への配慮、35緊急事態時の対応、36損害賠償制度の認知

(7)介護サービスの全体的評価

37福祉サービス利用の効果、38介護者負担の軽減、39福祉サービス全体満足度

本節で検討の素材となる評価点は、次のような手法により導かれている。すべての設問に三つの選択肢を用意し、三段階の評価方法をとった。「高い評価」に五点、「中間の評価」に二・五点、「低い評価」に〇点の配点を与えた。各設問の平均点を算出し、設問評価点とした。各項目群の項目評価点は、それを構成する設問評価点の合計を設問数で除して得られた数値である。以下では項目評価点を主体に、設問評価点を補助的に用いて検討を進める。

2　介護サービス利用者と事業者の項目評価の検討

ここでは八種類の介護サービス業種ごとに、最初に利用者と事業者のサービス評価を検討する。次に、地域社会への貢献度をレーダーチャートが描く面積の広さを視点にして考察する。最後に、利用者と事業者の両者の相互期待の一致度を見てゆく。紙幅の関係で、両者が比較できる項目のみを選んで、レーダーチャートに表示した。

(1)訪問介護の項目評価

図表6-1によれば、利用者項目評価は「契約関係」四・〇二、「提供体制」四・一八、「利用者本位」三・七九、「安全体制」二・三七で、提供体制の評価はかなり高い。しかし、安全体制は低い評価になっている。これは介護事故に対する損害賠償等の認識が薄いためである。

事業者の項目評価は「契約関係」三・九五、「提供体制」三・四〇、「利用者本位」三・七七、「安全体制」二・九七で、安全体制はやや低い評価になっているが、これは感染症対策はしているが事故未然防止対策が不十分な事業所が多いためである。

地域社会への貢献度は、高いとはいえない。両者の相互関係を見ると、四つの評価値は類似しており、相互期待の一致度はかなり高いことを示している。しかし、別の見方をすれば、安全体制に象徴されるように利用者の介護関心の視野が狭く、事業所業務の基本的な部分がおろそかにされているこ

図表6－1　訪問介護の項目評価

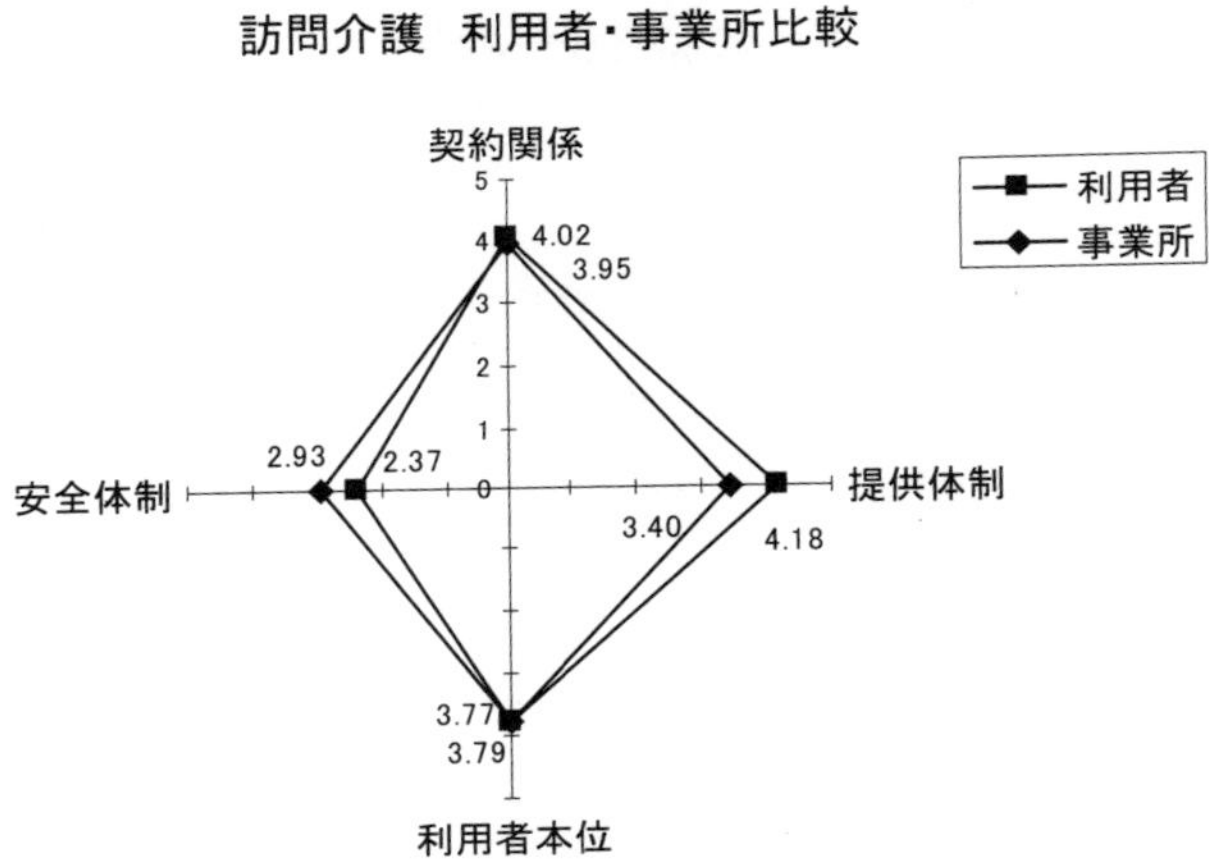

とを示している。

図表６－１には示されていないが、事業者の地域社会との連携は二・一三でかなり低い。これは地域行事への職員参加や実習生の受入れが二点以下のためである。

⑵訪問入浴の項目評価

図表6-2によれば、利用者の項目評価は「契約関係」四・四二、「提供体制」四・四一、「利用者本位」四・三三、「安全体制」三・三二で、安全体制を除くとかなり高い評価になっている。安全体制が低い理由は訪問介護と同様である。

事業者の項目評価は「契約関係」四・六四、「提供体制」三・九五、「利用者本位」四・三一、「安全体制」四・一七で、全体的にかなり高い評価になっている。

利用者の安全管理を除くと、三つの評価値はかなり高く、地域社会への貢献度は高いといえる。両者の関

図表6－2　訪問入浴の項目評価

訪問入浴　利用者・事業所比較

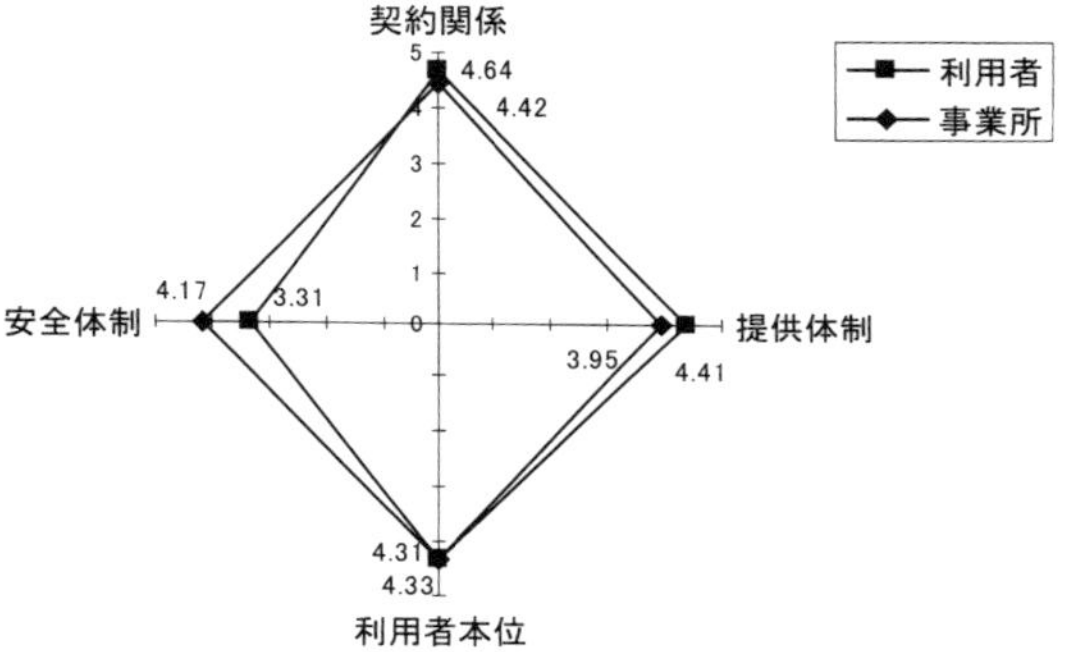

係は、安全管理を除くと相互期待の一致度が高く、事実認識の共有がかなりなされていることを示している。

図表6‐2には示されていないが、事業者の地域社会との連携は一・三六でかなり低い。これは地域ケアシステムの活用と実習生の受入れが一点前後のためである。

(3)訪問看護の項目評価

図表6‐3によれば、利用者の項目評価は「契約関係」四・〇二、「提供体制」四・二一、「利用者本位」四・〇八、「安全体制」二・二九で、安全体制を除くとかなり高い評価になっている。安全体制が低い原因は、損害賠償制度の認知が一・〇八とかなり低いためである。

事業者の項目評価は「契約関係」三・七一、「提供体制」三・四九、「利用者本位」四・〇八、「安全体

図表6－3　訪問看護の項目評価

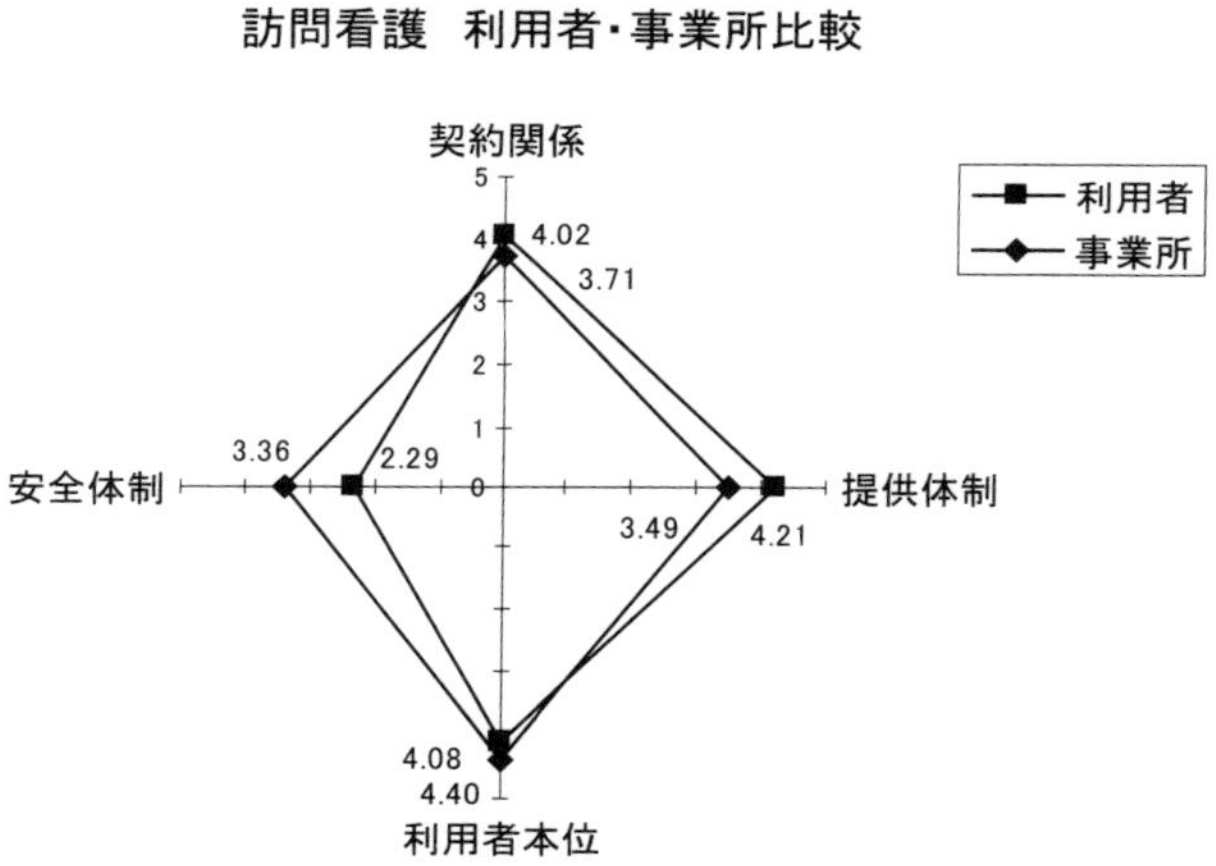

制」三・三六で、三点台後半のやや高い評価に止まっている。

事業者の項目評価は利用者本位を除いて四点以下であり、地域社会への貢献度が高いとはいいがたい。両者の関係を見ると、契約関係と利用者本位は類似しているが、提供体制と安全体制は〇・五以上の格差が見られ、前者は利用者が、後者は事業所が高い評価になっている。

図表6－3には示されていないが、事業者の地域社会との連携は二・六一でやや低い評価になっている。これは地域ケアシステムの活用が五・〇と非常に高いにもかかわらず、地域行事への職員参加が〇・九四と著しく低いためである。

(4)通所介護の項目評価

図表6－4によれば、利用者の項目評価は「契約関係」四・〇五、「提供体制」三・七七、「利用者本位」

図表6－4　通所介護の項目評価

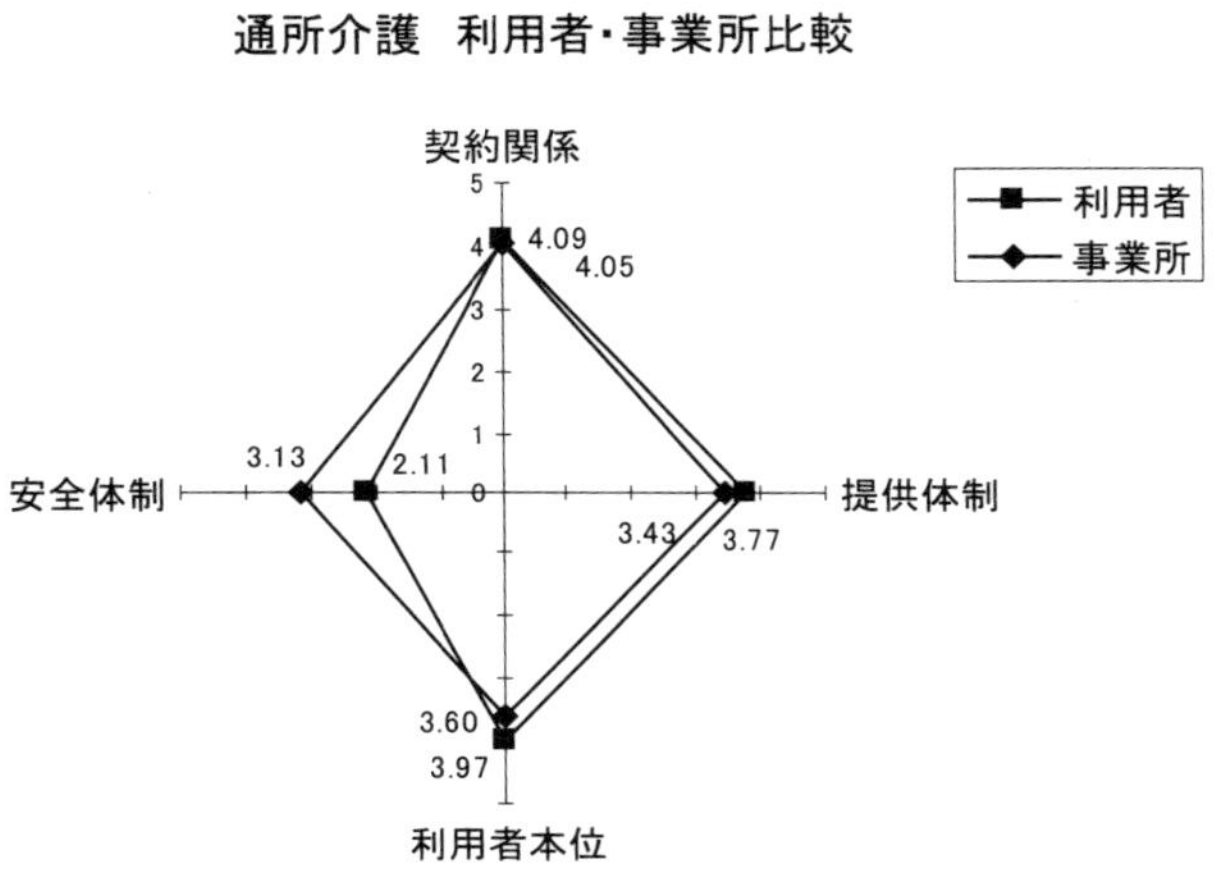

三・九七、「安全体制」二・一一で、安全体制を除くと高い評価になっている。安全体制が低い理由は訪問介護と同様である。

事業者の項目評価は「契約関係」四・六四、「提供体制」三・九五、「利用者本位」四・三一、「安全体制」四・一七で、全体的にかなり高い評価になっている。地域社会への貢献は、四点を越える評価項目が少なく期待に答えているとはいえない。両者の関係は、利用者の安全体制を除いて、三つの評価値は類似しており、利用者と事業者の相互期待がかなり一致していることを示している。

図表6－4には示されていないが、事業者の地域社会との連携は二・九二でやや低い。これはボランティアの受入れが三・七五にもかかわらず、設備等の地域への提供が一・八八とかなり低いためである。

(5)通所リハビリの項目評価

図表6-5 通所リハビリの項目評価

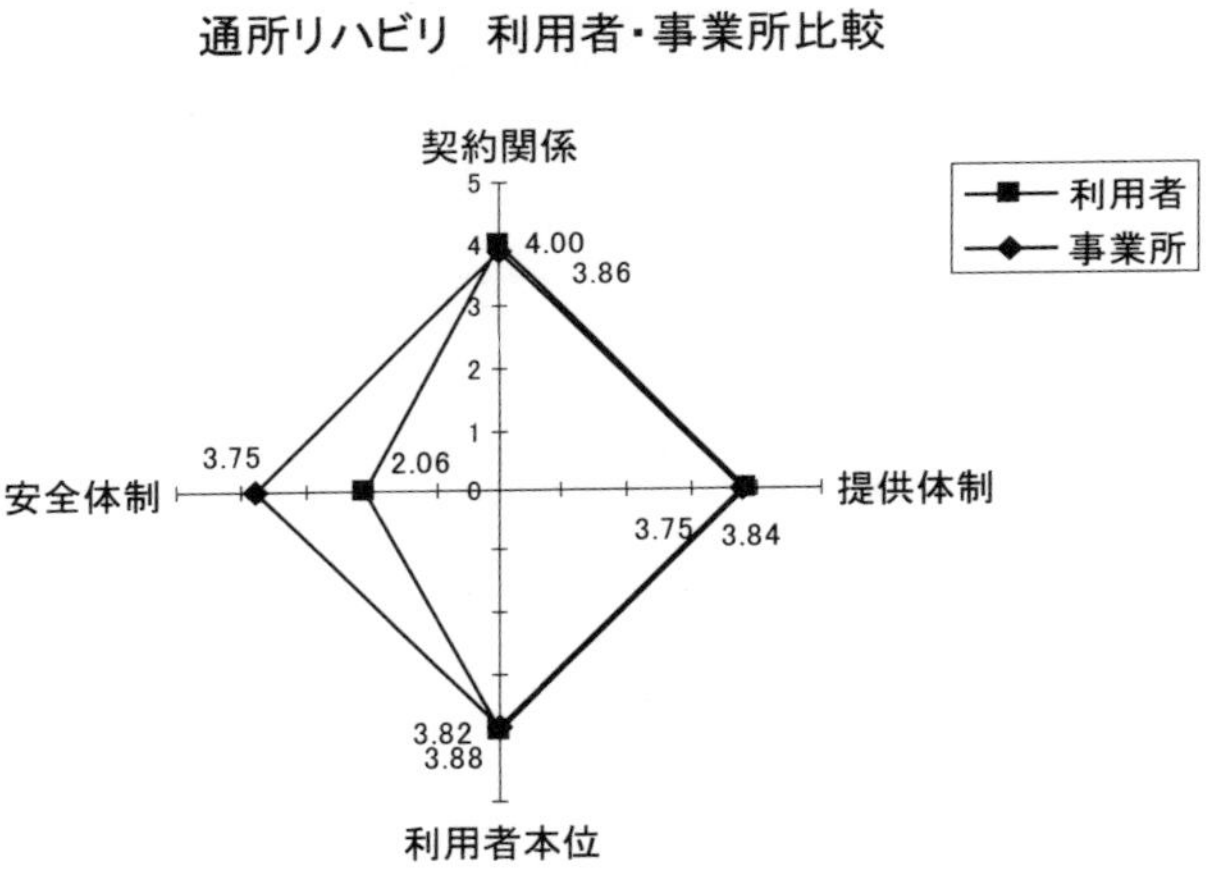

図表6-5によれば、利用者の項目評価は「契約関係」三・八六、「提供体制」三・八四、「利用者本位」三・八二、「安全体制」二・〇六で、安全体制を除くと高い評価になっている。安全体制が低い理由は、事故等安全への配慮が三・八八にもかかわらず、損害賠償制度の認知が〇・七一と著しく低いためである。

事業者の項目評価は「契約関係」四・〇〇、「提供体制」三・七五、「利用者本位」三・八八、「安全体制」三・七五で、全体的にかなり高い評価になっている。

地域社会への貢献は、四点を越える評価項目が少なく期待に答えているとはいえない。両者の関係は、利用者の安全体制を除いて、三つの評価値は類似しており、利用者と事業者の相互期待がかなり一致していることを示している。

図表6-5には示されていないが、事業者の地域社会との連携は三・五〇で高い。これはボランティアの受入れと実習生の受入れが共に四・〇と高いた

図表6－6　短期入所生活介護の項目評価

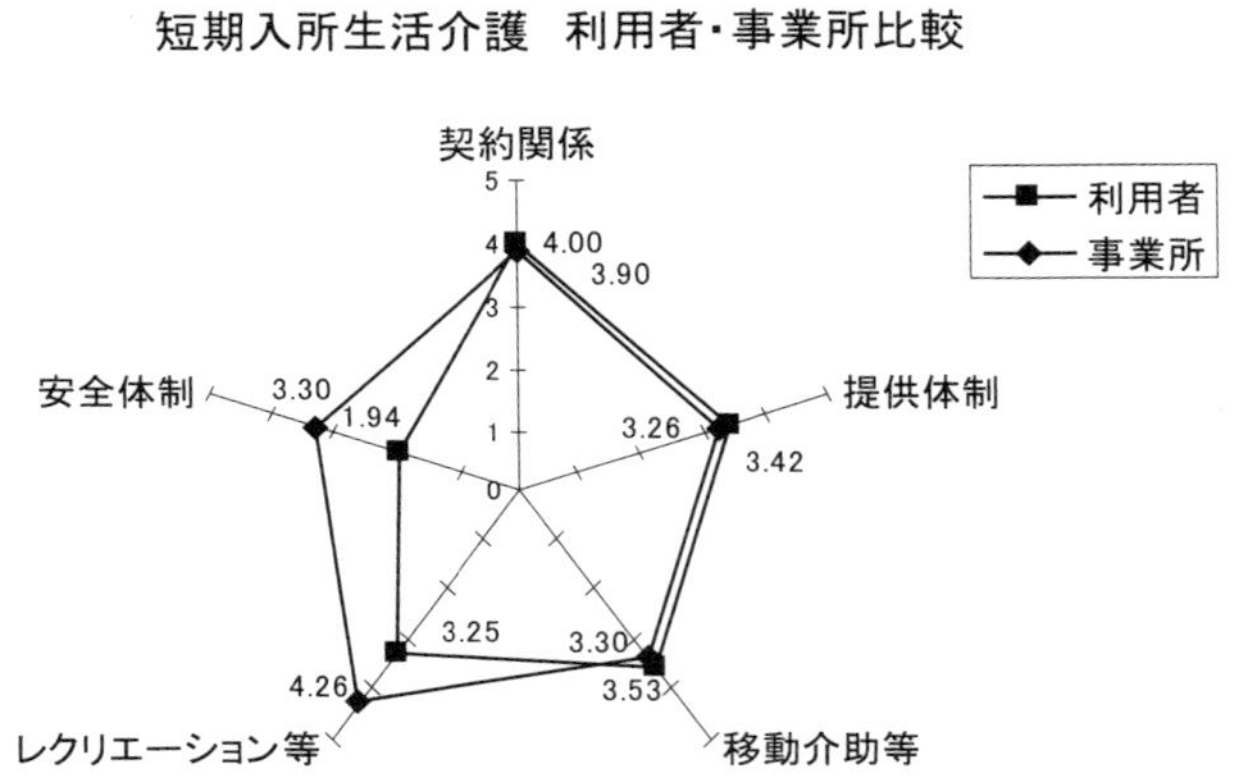

めである。

(6)短期入所生活介護の項目評価

図表6-6によれば、利用者の項目評価は「契約関係」三・九〇、「提供体制」三・四二、「移動介助等」三・五三、「レクリエーション等」三・二五、「安全体制」一・九四で、評価値のばらつきが大きい。安全体制が低い理由は、損害賠償精度の認知が一・〇、緊急事態時の対応が〇・九二と著しく低いためである。

事業者の項目評価は「契約関係」四・〇〇、「提供体制」三・二六、「移動介助等」三・三〇、「レクリエーション等」四・二六、「安全体制」三・三〇で、すべての評価値が三点以上であり、全体的にやや高い評価になっている。

地域社会との関係では、四点を越える評価項目が少なく貢献度が高いとはいえない。両者の関係は、レクリエーション等と安全体制で相互期待がかなり乖離しており、サービス環境をめぐる認識の不一致があることを示して

図表6－7 介護老人福祉施設の項目評価

介護老人福祉施設 利用者・事業所比較

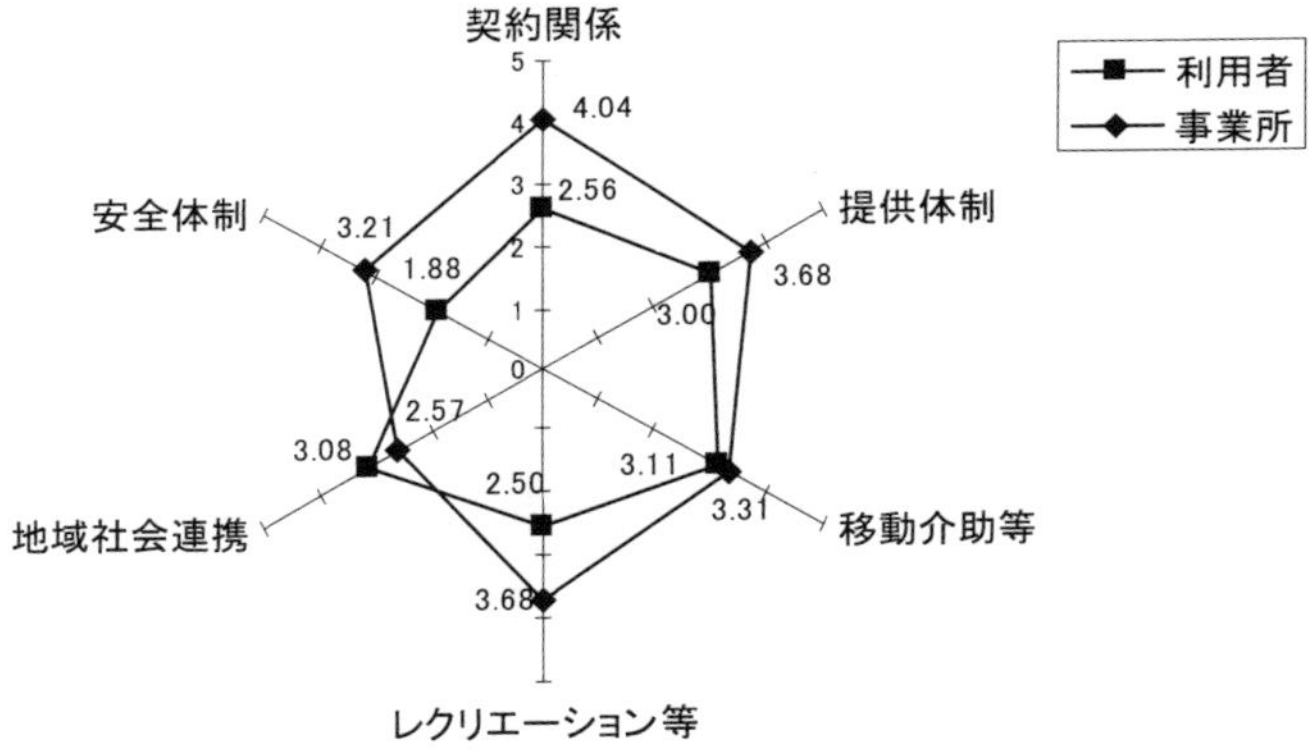

いる。

事業者の地域社会との連携は、このサービスの性格上、調査項目に入れていない。

(7)介護老人福祉施設の項目評価

図表6-7によれば、利用者の項目評価は「契約関係」二・五六、「提供体制」三・〇〇、「移動介助等」三・一一、「レクリエーション等」三・〇八、「地域社会連携」三・〇八、「安全体制」一・八八である。最も高い「移動介助等」が三点前後であり、全体的にやや低い水準になっている。これまで考察してきた在宅サービスに比較すると、最も低い水準にある。安全体制が低い理由は、感染症対策や火災等緊急時の対応がかなり高いにもかかわらず、事故未然防止の対策が一・〇七と著しく低いためである。

事業者の項目評価は「契約関係」四・〇四、「提供体制」三・六八、「移動介助等」三・三一、「レクリエーション等」三・六八、「地域社会連携」二・五七、「安全体制」三・二一

図表6-8　介護老人保健施設の項目評価

介護老人保健施設　利用者・事業所比較

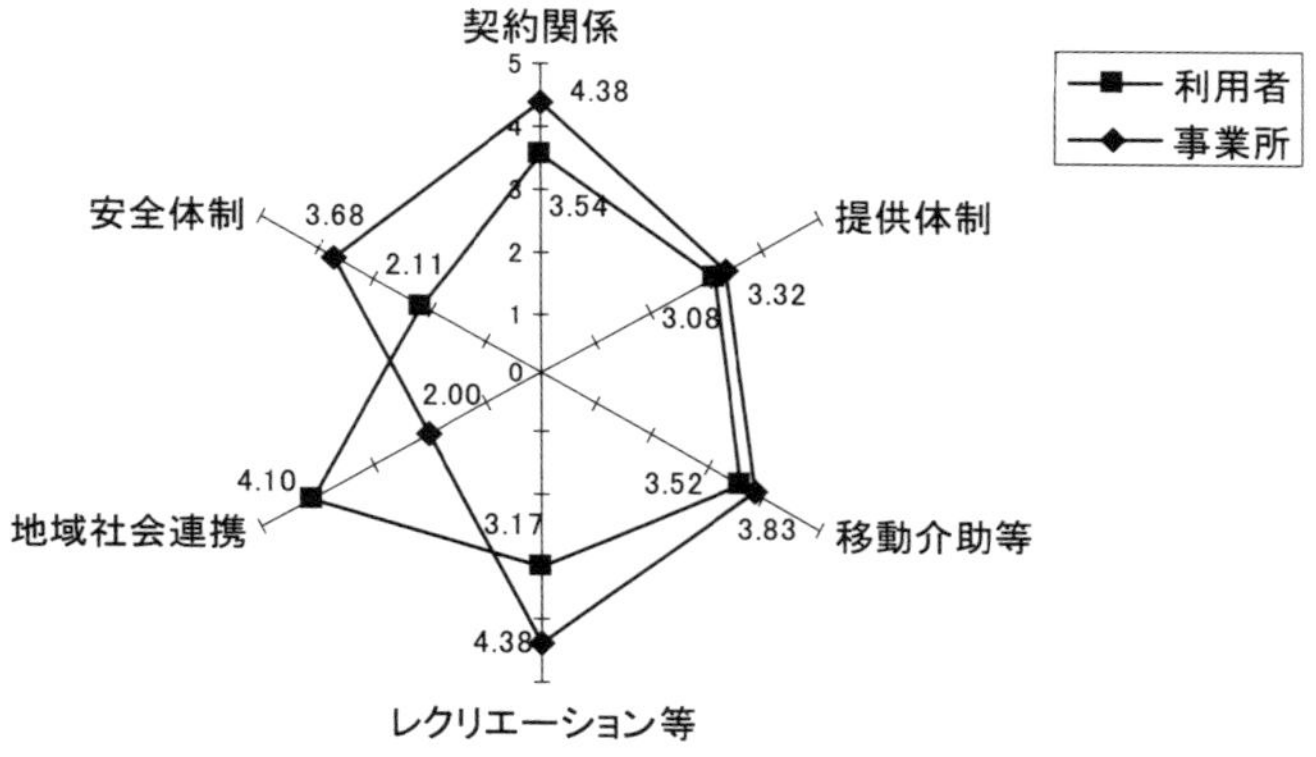

で、地域社会連携を除くと、三・二から四・〇の位置にあり、やや高い水準にある。地域社会連携がやや低いのは、施設等資源の地域社会への提供が一・〇七と著しく低いためである。

地域社会との関係では、四点を越える評価項目が少なく、また事業者の地域社会連携も低いために、貢献度が高いとはいえない。

両者の関係は、移動介助等を除くと評価値がかなり乖離しており、施設環境をめぐる認識の不一致が著しいことを示している。介護老人福祉施設は、介護サービスの中核的な存在であり、相互期待の不一致問題は深刻な課題といえる。

⑻介護老人保健施設の項目評価

図表6-8によれば、利用者の項目評価は「契約関係」三・五八、「提供体制」三・〇八、「移動介助等」三・五二、「レクリエーション等」三・一七、

「地域社会連携」四・一〇、「安全体制」二・一一である。安全体制を除くと、三・五から四・一の位置にあり、高い水準になっている。類似した施設である介護老人福祉施設に比較すると、すべての項目で高い評価になっている。安全体制が低い理由は、事故や安全への配慮が高いにもかかわらず、緊急事態の対応や損害賠償制度の認知が著しく低いためである。

事業者の項目評価は「契約関係」四・三八、「提供体制」三・三二、「移動介助等」三・八三、「レクリエーション等」四・三八、「地域社会連携」二・〇〇、「安全体制」三・六八で、地域社会連携を除くと、三・三から四・三の位置にあり、やや高い水準にある。地域社会連携がやや低いのは、施設等資源の地域社会への提供や地域行事への職員参加が一点前後で著しく低いためである。

地域社会との関係では、四点を越える評価項目がいくつかあり、また利用者の地域社会連携も四点を越えており、貢献度が部分的であるといえる。

両者の関係は、地域社会連携と安全体制が乖離しているのを除くと、いずれも三点を超えており、施設環境をめぐる認識はかなり一致しているといえる。介護老人福祉施設に比較すると、相対的に高いレベルでの相互期待の一致が伺われる。

⑼業種別項目別に見た評価の総括

図表6-9は、業種別項目別に見た評価の総括である。

上段の利用者調査の「業種平均値」を見ると、最も評価が高いのは訪問入浴で四・一二、次が訪問

図表6－９　業種別・項目別に見た評価の総括

（上段は利用調査者、下段は事業者調査）

業種＼項目	訪問介護	訪問入浴	訪問看護	通所介護	通所リハビリ	短期入所生活介護	介護老人福祉施設	介護老人保健施設	項目平均値
契約	4.02	4.42	4.02	4.05	3.86	3.90	2.56	3.54	3.79
提供	4.18	4.41	4.21	3.77	3.84	3.42	3.00	3.08	3.80
内容	3.79	4.33	4.08	3.97	3.82	3.53	3.11	3.52	3.76
安全	2.37	3.31	2.29	2.11	2.06	1.94	1.88	2.11	21.6
レク	―	―	―	―	―	3.25	2.50	3.17	2.97
地域	―	―	―	―	―	―	3.08	4.10	3.59
全体	3.75	4.15	3.77	3.52	3.69	3.99	2.64	3.31	3.62
業種平均値	3.62	4.12	3.67	3.48	3.45	3.34	2.68	3.26	

方針	3.14	4.06	3.10	3.13	3.21	2.95	3.00	3.13	3.18
契約	3.95	4.64	3.71	4.09	4.00	4.00	4.04	4.38	4.12
提供	3.40	3.95	3.49	3.43	3.75	3.26	3.68	3.32	3.51
内容	3.77	4.31	4.40	3.60	3.88	3.30	3.31	3.83	3.84
安全	2.93	4.17	3.36	3.13	3.75	3.30	3.21	3.68	3.38
レク	―	―	―	―	―	4.26	3.68	4.38	4.11
地域	2.13	1.36	2.61	2.92	3.50	―	2.57	2.00	2.41
業種平均値	3.22	3.75	3.45	3.38	3.68	3.51	3.36	3.53	

注：表中に“－”（ハイフォン）で表示している欄は評価調査にない項目である。

介護の三・六二である。最も評価が低いのは介護老人福祉施設で二・六八、次が介護老人保健施設の三・二六である。訪問入浴と介護老人福祉施設では一・四四という大きな格差がある。

介護サービスの利用者や家族が、利用しているサービスを評価する際、その評価基準は何か、またどのような視点で評価を下すのか、そうした価値判断のメカニズムは定かではない。しかし、上記の業種平均値を見ると、サービスが提供される空間が利用者の日常的生活空間に近いほど、またサービス内容が日常的な生活行為に近いほど、評価が肯定的になる傾向があるようだ。

「項目平均値」を見ると、最も評価が高いのは提供体制で三・八〇、次が契約関係の三・七九である。最も評価が低いのは安全体制で二・一六、次がレクレーション等の二・九七である。提供体制と案全体性の格差は一・六四である。

提供体制の評価が一般に高いのは、家庭内で家族が実施する介護サービスが非定型的でありルーチンワークのために特に価値付与されないのに対し、専門的な介護サービスが定型的でシステム化されているために、実態以上の評価をするものと推定される。逆に、安全体制の評価が低いのは、事業所側から事故発生時の損害賠償について聞かされておらず、また説明を受けたとしても、重要事項の多くの説明の一つなので意識されておらず、評価調査の段階で始めて意識する、といった事情もあるようだ。

下段の事業者調査の「業種平均値」を見ると、最も評価が高いのは訪問入浴で三・七五、次が通所リハビリの三・六八である。最も評価が低いのは訪問介護で三・二二、次が介護老人福祉施設の三・三六である。訪問入浴と介護老人福祉施設の格差は〇・五三で小さい。

介護保険制度が始まって三年目であり、どの業種でも事業者は試行錯誤を繰り返しながら専門的なサービス提供に努力している段階である。主体的に努力しているという段階性が、自己評価を高め、業種間の格差を狭めていると思われる。

「項目平均値」を見ると、最も評価が高いのは契約関係で四・一二、次がレクリエーション等の四・一一である。最も評価が低いのは地域社会連携で二・四一、次が基本方針の三・一八である。契約関係と地域社会連携の格差は一・七一で大きい。

介護サービスの改善努力は、最初は事業所内部から始まり、次の段階として地域社会の福祉資源の活用や地域社会貢献へと移ってゆく。この調査段階では、事業所内部の整備段階にあるので、地域社会連携は未だ始まっていないため、という理解が出来る。

おわりに

以上、利用者評価調査と事業者評価調査を素材にして、検討を進めてきた。最近、福祉サービスに関する評価調査は、福祉財源の逼迫と公共的福祉サービスの効率化、民間福祉サービスの水準確保、福祉情報公開等と関連して、様々な形で実施されている。

それらの多くは、サービスそれ自体の質の確保や向上をめざしているが、筆者は、福祉サービスの普遍化や地域資源化が時代の要請であり、したがって、評価調査は、地域福祉資源の充実という共通認識の下で行なわれるべきと考えている。本節は、そうした目的意識に基づいた中間的な作業である。調査の結果は、検討的な段階に止まっているが、今後は、二つの評価調査の相互関係、福祉サービスの社会貢献をどう考えるかについて、一定の検討課題が明らかにされたといえる。

注

1　これらの概要については、拙稿「介護保険事業評価の構想と現実」、『週刊社会保障 No.二二八〇』法研、二〇〇四年、五四～五七頁参照。

2　評価調査の全体については、『水戸市介護サービス適正評価調査報告書』水戸市、二〇〇四年三月を参照。

終章　社会関係資本と福祉コミュニティの再生

はじめに

最近、ソーシャル・キャピタルをめぐる議論が活発である。ソーシャル・キャピタルの訳語は必ずしも定着していないが、ここでは「社会関係資本」の用語を使用することにする。

『赤い羽根』二〇〇六年夏号は、共同募金改革を特集する中で、「地域の多様な課題の顕在化の中で、地域（コミュニティ）の再生に向けて、次の三点を考え」るとして、「市民の自治力の形成、さらにはエンパワーメントの必要性」、「市民の参加による地域社会における『つながり』の再構築」、「地域で社会的な信頼のネットワーク（ソーシャル・キャピタル）を形成する必要性」を挙げ、社会関係資本について詳細な用語解説をしている。

二〇〇六年六月に大阪市立大学で開催された福祉社会学会第四回大会でも、「福祉社会の基盤を問う」と題するシンポジウムで社会関係資本がテーマとなり、なぜ行政がこれほどまでに社会関係資本に期待するのか、概念の明確性や研究成果も重要であるが「新しい公共政策」との親和性が注目される、等の意見交換があった。自由報告でも、中山間地域の地域福祉計画の策定にあたり、社会関係資本の理論枠組を用いて、人口が減少する伝統的な農村社会の再活性化を図ろうとする研究があり、社会関係資本への関心の高さが窺われた。

1　社会関係資本への様々な関心

社会福祉以外の領域でも、社会関係資本への関心は高い。

神戸市は、二〇〇四年度に終了した『神戸市復興計画』に向けて、「復興の総括・検証」を実施してきたが、二〇〇三年度中間報告で「これからの神戸づくり」を進める基本姿勢として社会関係資本の概念を使用している。その理由は、震災時に地域での助け合いの経験から、人と人とのつながりの重要性や日頃からの人間関係が不可欠であることを、実感したからだという。ここでは、「信頼できる人間関係」という社会関係資本が、復興計画という地域政策の実効性を確立するために、不可欠という認識が見られる。

独立行政法人国際協力機構は、二〇〇二年八月に『ソーシャル・キャピタルと国際協力』を刊行している。その中で「ソーシャル・キャピタルは信頼や規範、ネットワークといった目に見えませんが、開発にとって有用な資源と考えられるもので、これを経済的資本と同様に計測可能かつ蓄積可能なものとして位置づけたものです。規範やネットワークなどが開発に重要な役割を果たすことはよく知られており、従来、それらは協力を行う際の外的な条件と考えられ、明確な働きかけの対象とされることはありませんでした。それを外部からの介入によって変化しうる『資本』として捉え、協力の中で明示的に位置づけするところに、ソーシャル・キャピタル論の意義があります」と述べている。周知のように、戦後日本の途上国援助は経済援助に始まり、その後は社会開発という名の人的資源開発が行われてきた。そして二一世紀に入り、経済開発・社会開発の実効性を高めるために、「外的な条件」とみなされてきた社会関係資本が、「社会関係開発」として独自に登場してきた。

政府税制調査会の藤沢久美氏は、「地域の経済・産業活性化にソーシャル・キャピタル（SC）は大きな役割を果たす。かつて大企業のもとで企業城下町を形成していたような産業集積地は、今やほとんど崩壊しつつある。」大企業と中小企業の「バラバラになった点を再び面として甦らせるには、子供の頃から同じ地域に住んでいるという地縁や人間関係、つまり地域のSCを産業活性化に生かすことを考えないといけない」と述べている。[1]

ここでは、空洞化が進む地方産業都市の活性化の手段として、社会起業家の立場から、「地域に眠るプライベートな関係性を、どうビジネスの関係性に昇華させていくか」、その戦略理論として社会関係資本が登場している。

このように、社会関係資本という概念・考え方は、社会福祉の領域だけではなく、地方自治体、国際協力、地域経済活性化、その他多くの領域で新たな戦略的理論として注目されている。その背景には、バブル経済崩壊後の市場経済最優先の行財政改革と市場緩和政策、その結果としての様々な格差拡大とコミュニティの崩壊がある。社会関係資本という発想の登場は、経済効率重視の従来の社会経済政策の限界を認め、ポスト構造改革の新たな理論的拠り所、政策手法の開発と関連しているようである。

以下本章では、社会関係資本の概念と内容、最近注目されている内閣府の調査報告について検討し、最後に社会関係資本と新しい福祉コミュニティ再生をめぐる現代的課題について述べることにする。

2　社会関係資本の概念と内容

社会関係資本の概念を明確にしたのは、ロバート・D・パットナムである。そこで彼の主著『孤独なボウリング』を参照しながら、研究の関心、概念、内容を概観したい。

彼は「米国における最近の社会変化」について、次のように述べている。[2]「二〇世紀の終焉にあたり、市民的な不調感が米国人一般に共有されていた」。経済見通しは満足のいくものであったが、「道徳的にまた文化的に正しい道を進んでいるのかについて、人々は同様の確信があったわけではなかった」。「アメリカの市民生活はこの数年間弱体化しており、子ども時代の頃の方が社会的・倫理的価値観が高く、そして社会の焦点が、コミュニティから個人へとますます移動している」。コミュニティの崩壊と利己主義というアメリカが抱える深刻な問題に、どう対応するかが彼の主な研究関心と思われる。

社会関係資本については次のように定義している。「物的資本や人的資本の概念のアナロジーによれば、社会関係資本理論において中核となるアイディアは、社会的ネットワークが価値を持つ、ということにある」。「物的資本は物理的対象を、人的資本は個人の特性を指すものだが、社会関係資本が指し示しているのは個人間のつながり、すなわち社会的ネットワーク、およびそこから生じる互酬性と信頼性の規範である」。パットナムは、個人のつながりである社会的ネットワーク、それが生み出す住民間の互酬性と信頼性の中にコミュニティ再生の切り札を見出している。

社会関係資本の内容または形式として、パットナムは「結束型」と「橋渡し型」が重要であると言う。前者は「特定の互酬性を安定させ、連帯を動かしてゆくのに都合がよい」。後者は「対照的に、外部資源との連携や、情報伝播において優れている」、「より広いアイデンティティや、互酬性を生み出すことができ、結束型社会関係資本によって強化される自己が、より狭い方向に向かうのとは対照的である」、と述べている。

3　社会関係資本の調査研究とその成果

日本では景気がやや回復しつつあるとはいえ、生活の個人化情報化が進む中で近隣や地域の人間関係が希薄化し、従来の常識では考えにくいような事件や犯罪が多発している。こうした文脈からも社会関係資本への関心が高まっている。ここでは、内閣府が二〇〇三年に実施した社会関係資本に関する調査研究を検討したい[3]。この調査報告書は、海外での研究の取り組み、社会関係資本の論点を検討した上で、定量的分析と市民活動の事例調査を実施し、いくつかの提言をしている。ここでは定量的分析に触れたい。

定量的分析のねらいは、「ボランティア活動を始めとする市民活動とソーシャル・キャピタルとの間に相互作用の関係があるかどうかの検証である」。具体的には、パットナムが示した、「ネットワーク」、「社会的信頼」、「互酬性の規範」という三つの類型を設定し、アンケート調査における構成要素として、それぞれ「つきあい・交流（近所でのつきあい・社会的な交流）」、「信頼（一般的な信頼・相互信頼・相互扶助）」、「社会参加（社会的活動への参加）」を設定している。アンケート調査は郵送方式とＷｅｂ方式で実施された。

「社会関係資本の構成要素と市民活動との関係」に関する調査結果は、以下の⑴⑵⑶のとおりである。

⑴社会関係資本の各要素間の関係

「つきあい・交流」や「社会参加」が高いと回答した集団では「信頼」の指標が調査対象者の平均値を上回っている。同様に「信頼」や「社会参加」の程度が高い集団では「つきあい・交流」の指標が高い。したがって、「社会関係資本の三つの構成要素間には相互波及的に影響を及ぼす可能性がある」

(2)社会関係資本の構成要素と市民活動との関連性

①先の(1)と同様な手法で分析すると、「社会関係資本の各要素と市民活動との間には一定の相関があることが推測される。」

②同様に、「市民活動の活性化を通じて、社会関係資本が培養される可能性がある」

③同様に、「社会関係資本が豊かならば、市民運動への参加が促進される可能性がある」

(3)ポジティブ・フィードバックな関係

以上の結果、社会関係資本の培養とボランティア活動を始めとする市民活動の活性化には、互いに他を高めていくような関係、すなわち、「ポジティブ・フィードバック」な関係がある可能性がある。

報告書は最後に、「自発的な市民活動がソーシャル・キャピタルを培養する実際の状況としては、新たな市民活動が『地域固有の課題発見力、あるいは課題対応についての先駆性』や地域住民の相互理解を促進していく『人間関係づくりを行うリーダーシップとコーディネーターとしての役割』と共に、多様な人や組織を繋ぐ『コミュニケーションのための公共空間の場の提供』といった要素をあわせもっている場合には、橋渡し型のソーシャル・キャピタルを培養する苗床となり、さらには既存のソーシャル・キャピタルを活性化させる可能性があることが理解された」と結んでいる。

4　社会関係資本と福祉コミュニティ再生をめぐる現代的課題

パットナムの課題意識に見るように、社会関係資本の議論は二〇世紀末アメリカの市民的道徳の培養機関であるコミュニティの崩壊危機から出発している。グローバリゼーションの進展により、こうした崩壊危機は福祉的国家でも生じており、日本もその例外ではない。崩壊危機は資本主義の現段階を反映したものであり、地域社会の構造変動を踏まえたうえで検討されねばならない[4]。しかし、ここでは社会関係資本の理論的可能性に限定して、若干の課題提起をしてみたい。

第一は、研究の方法論的問題についてである。宮川公男が指摘しているように、社会関係資本の数量的測定は様々な問題がある[5]。先に紹介した内閣府調査では、「社会参加」が具体的には地縁的集団・ＮＰＯ・ボランティア・市民活動等により構成されているが、パットナムも指摘するように、社会関係資本として意味があり期待されるのは「橋渡し型」の開放的組織である。社会参加団体の型を類別した上で、数量的測定をすべきである。

また、町内会・自治会等の地縁的組織は「結合型」で、ＮＰＯやボランティア団体は「橋渡し型」であると想定することは、豊かか地域活動の可能性を見落とすことになるだろう。

第二は、地域社会学研究の豊かな実証研究の活用についてである。

二〇〇五年の内閣府『コミュニティ機能再生とソーシャル・キャピタルに関する研究調査』の素材である「地域社会生活に関するアンケート」は、一九七〇年代に都市社会学や地域社会学研究者が実施した実証的なフィールド調査によく似ている。ある意味で、社会関係資本研究は、四〇年以上も前から始まっていたといえる。こうした研究実績を踏まえたうえで、現代の社会関係資本研究は進められるべきである。

第三は、新しい福祉コミュニティ政策との関連についてである。

一九七〇年代のコミュニティ政策は、国と自治体が政策主体となり、公民館やコミュニティセンターという施設空間を準備し、そこで行われる住民活動の活性化を通じて、コミュニティへの参加や地域規範を醸成することが目指された。今回の「ポジティブ・フィードバック」を目標とする新しいコミュニティ政策の政策主体はだれで、どんなプロセスでそれは可能なのか。F・フクヤマは、社会関係資本の形成は市場システムでも可能であると述べているが、民間の営利・非営利団体が地域市民活動の当事者や役割代行者として登場し、それなりの評価を獲得すれば、そこにポジティブ・フィードバックは実現する。最近始まった公共施設の指定管理者制度、大規模集合住宅における開発資本主体のコミュニティ作りは、ポストモダンの新しいコミュニティ政策として検討する必要がある。

最後に、多様な住民主体による新しい福祉コミュニティについて触れたい。

社会学者のR・ポールは「家族がその中心をなしていた伝統的コミュニティは、現実の社会関係にほとんど基盤を持たなくなっており」、「今日では友人関係に基づく個人的ネットワークが」、「支援の提供という面で家族を支えている」。育児・病気・日常生活「問題を解決するためには近接性が重要であり、女性の職場進出の増加、離婚や別居の増大に伴って増大するストレスや不確実性、仕事や感情的なプレッシャーに対処するために、新たな社会的絆が求められている」と述べている。[6]

日本では従来、家族が地域集団を構成し、個人が篤志集団を構成するものと考えられてきたが、ポールの指摘するように篤志集団が家族を支援する事態が生じている。新しい福祉コミュニティの再生は、地域を支え奉仕するという従来の視点を変えて、多様な住民主体のデマンド＝欲求に対応した役割期待の集合体として構想し、それを内側から支え持続させる共感の共同体として、社会関係資本を位置づけてみてはどうであろうか。

注

1　藤沢久美「経済・産業活性化とソーシャル・キャピタル」http://www.kepco.co.jp/content/column/column056.html　二〇〇六年一一月一日閲覧。

2　ロバート・D・パットナム『孤独なボウリング』二〇〇六年、柏書房、二三頁。

3　内閣府国民生活局『ソーシャル・キャピタル』二〇〇三年、国立印刷局、第三章。

4　正村公宏は『経済が社会を破壊する』（二〇〇五年、NTT出版）の中で、日本では「超市場主義原理による超産業社会が進んでいる」、産業主義が家庭と地域に進出し、自発的な活動が減少している、と指摘する。

5　宮川公男「ソーシャル・キャピタル論」『ソーシャル・キャピタル』二〇〇五年、東洋経済新報社、三八頁。

6　G・デランティ『コミュニティ』二〇〇六年、NTT出版、一九九頁。

付論　中小企業従事者の医療環境改革

はじめに

二〇〇九年の七月、中小企業の従事者が加入する全国健康保険協会（以下、「協会けんぽ」という）の二〇〇八年度下期決算が公表された。それによれば、協会けんぽの収入は四兆五、三四三億円で、景気悪化に伴う保険料収入の減少で当初予算を七一五億円下回った。支出は四兆五、六六九億円で、加入者の医療費膨張や高齢者医療への拠出金負担増加等により、当初予算を五九五億円上回った。その結果、財政収支は三二六億円の赤字となり、旧政府管掌健康保険（以下「旧政管健保」という）において運営されていた二〇〇七年度に引き続き、赤字基調が続いていることが判明した[1]。

周知のように、旧政管健保は二〇〇二年に赤字に陥り、国の財政投融資資金からの支援を仰いだ。

その後、賞与が保険料算定の対象とされ、医療費自己負担率も引き上げられ収支は一時的に改善した。しかし、加入者の高齢化や経済環境の悪化により、再び赤字基調になったようだ。

以下の付論では、中小企業従事者が加入する協会けんぽを対象にして、健康保険法の一部改正による都道府県単位保険料率の導入とその妥当性、及び今後の改善策について論じてみたい。

1　健康保険法等の一部改正と都道府県単位保険料率の導入

小泉内閣当時の「骨太」の方針見直しにより、二〇〇七年度以降五年間で社会保障費の自然増化分を一・一兆円抑制、単年度では二、二〇〇億円削減することになったことはよく知られている。当時、国民健康保険の保険料は市町村単位で地域ごとの医療費を反映していた（約四・七倍の地域格差）。これに対して、旧政管健保の保険料は全国一律（八・二〇％で労使折半）であったため、地域ごとの医療費を反映していないという批判があった。

他方、健康保険と表裏一体の関係にある地域医療整備計画が都道府県単位で策定され、介護や健康づくりについても介護保険事業支援計画や健康増進計画も、同様に都道府県単位で策定されていた。そのため二〇〇六年度の健康保険法の一部改正では、旧政管健保も受益者負担の考え方を導入して、都道府県単位の保険料率を導入することになった。

都道府県単位の保険料率にすると、中高年齢者の多い県は一般的に医療費が高いので、保険料率は高くなる。また、所得水準が低い県では、同じ医療費でも保険料率は高くなる。そこで新たな保険料率は、保険料率の全国平均八・二〇％を前提にして、年齢調整と所得調整を行い、その結果として表示される都道府県単位の保険料率は、医療費の地域差を反映した保険料率であるとして構想された。

協会けんぽが都道府県単位の調整前後の新たな保険料率を、機械的に試算した結果が**図表付‐1**である。茨城県を例にすると、協会けんぽ加入者の平均年齢層が全国平均より低く、所得水準が全国平均より高いので、調整前の保険料率よりも年齢調整でやや高くなり、所得調整でさらにやや高くなる。医療給付費調整後の全国平均保険料率が四・六一％に対して、調整前の茨城県の保険料率は四・二三％であるが、調整後は四・三六％となり四・六一％との格差〇・二五％が地域差ということになる。これに後期高齢者医療制度等への拠出金三・五九％を加えたものが現実の保険料率となる。

所要保険料率の全国平均八・二〇％に対して、保険料率が上昇する地域が二三、下降する地域が二四である。所要保険料率の最高は北海道の八・七五％、最低は長野県の七・六八％であり、両者の格差は一・〇七％であった。ここで問題になるのは、年齢と所得を指標にして調整してもかなりの地域差があることである。ここで調整とは都道府県間の調整であり、地域間の相互扶助を意図しているが、これが「公平な負担」と言えるか否かである。

健康保険法の法改正時には、こうした格差問題に対して附則で「五年間で激変緩和を調整」することが明記されている。しかし、どの程度を激変緩和というのかその定義は明確ではない。安易な調整は新たに生まれた協会けんぽの自律性や自主努力を阻害しないかという懸念も生まれてくる。そこで

図表付－1　平成21年度の都道府県単位保険料率の算定について

（単位：％）

	医療給付費についての調整前の所要保険料率（a）	調整（b）		医療給付費についての調整後の所要保険料率（a＋b）	所要保険料率（a＋b＋ 3.59）	保険料率（激変緩和措置後）
		年齢調整	所得調整			
全国計	4.61	－	－	4.61	8.20	8.20
1 北海道	5.79	▲0.12	▲0.50	5.16	8.75	8.26
2 青森	5.80	0.03	▲1.13	4.69	8.29	8.21
3 岩手	5.58	▲0.15	▲0.98	4.44	8.03	8.18
4 宮城	5.07	▲0.01	▲0.51	4.55	8.14	8.19
5 秋田	5.89	▲0.28	▲0.89	4.72	8.32	8.21
6 山形	5.04	▲0.07	▲0.61	4.36	7.96	8.18
7 福島	5.16	0.01	▲0.60	4.57	8.16	8.20
8 茨城	4.23	0.07	0.07	4.36	7.96	8.18
9 栃木	4.37	0.04	0.03	4.44	8.03	8.18
10 群馬	4.41	▲0.03	▲0.03	4.35	7.94	8.17
11 埼玉	4.08	▲0.04	0.28	4.32	7.91	8.17
12 千葉	4.20	▲0.11	0.24	4.33	7.92	8.17
13 東京	3.61	▲0.03	0.87	4.45	8.04	8.18
14 神奈川	3.99	▲0.07	0.61	4.53	8.12	8.19
15 新潟	4.80	▲0.09	▲0.37	4.33	7.92	8.18
16 富山	4.44	▲0.13	0.18	4.49	8.08	8.19
17 石川	4.69	▲0.01	0.07	4.75	8.35	8.21
18 福井	4.60	▲0.04	0.02	4.58	8.17	8.20
19 山梨	4.44	▲0.03	▲0.08	4.33	7.92	8.17
20 長野	4.21	▲0.06	▲0.07	4.09	7.68	8.15
21 岐阜	4.57	▲0.04	▲0.02	4.51	8.10	8.19
22 静岡	4.01	▲0.03	0.31	4.28	7.88	8.17
23 愛知	3.99	0.09	0.42	4.50	8.10	8.19
24 三重	4.39	▲0.01	0.08	4.46	8.05	8.19
25 滋賀	4.38	0.03	0.04	4.45	8.04	8.18
26 京都	4.38	0.01	0.12	4.51	8.10	8.19
27 大阪	4.51	0.04	0.21	4.76	8.35	8.22
28 兵庫	4.57	0.04	0.04	4.65	8.24	8.20
29 奈良	5.14	▲0.08	▲0.34	4.71	8.31	8.21
30 和歌山	5.19	0.10	▲0.54	4.75	8.34	8.21
31 鳥取	5.36	▲0.05	▲0.69	4.62	8.21	8.20
32 島根	5.30	▲0.11	▲0.54	4.65	8.25	8.21
33 岡山	4.92	0.01	▲0.16	4.77	8.36	8.22
34 広島	4.84	0.04	▲0.06	4.83	8.43	8.22
35 山口	5.10	▲0.13	▲0.20	4.78	8.37	8.22
36 徳島	5.58	▲0.07	▲0.49	5.02	8.62	8.24
37 香川	5.21	▲0.04	▲0.25	4.92	8.51	8.23
38 愛媛	4.91	0.12	▲0.49	4.55	8.14	8.19
39 高知	5.18	▲0.00	▲0.46	4.72	8.31	8.21
40 福岡	5.23	0.07	▲0.31	4.99	8.58	8.24
41 佐賀	5.85	0.02	▲0.78	5.09	8.68	8.25
42 長崎	5.60	0.11	▲0.91	4.80	8.39	8.22
43 熊本	5.48	0.09	▲0.74	4.83	8.42	8.23
44 大分	5.59	▲0.05	▲0.69	4.85	8.44	8.23
45 宮崎	5.46	0.08	▲0.90	4.64	8.24	8.20
46 鹿児島	5.50	0.17	▲0.90	4.77	8.36	8.22
47 沖縄	6.04	0.51	▲1.99	4.56	8.15	8.20

・都道府県毎の医療給付費に係る保険料率に、傷病手当金等の現金給付費（0.43％）、後期高齢者支援金等（3.25％）、保健事業等（0.18％）、準備金の取崩し分（約1,550億円）（▲0.20％）、その他収入（▲0.07％）の合計の保険料率3.59％を全国一律で加算。

・特別の事情による額（原爆医療費及び療養担当手当に係る額）は、医療給付費から控除されており、全国一律の保険料率に反映。

・激変緩和措置後の保険料率は、激変緩和措置として、全国平均保険料率に、当該都道府県の所要保険料率と全国平均保険料率との差の10分の1を加えた率としているほか、支部の保健事業の上乗せ等の特別計上の経費がある場合には、当該保険料率を加えている。

・保険料率は、四捨五入している。

出所：協会けんぽホームページ「平成21年度の都道府県単位保険料率の算定について」

次に、激変緩和措置の議論を見ながら、各地の保険医療環境の格差実態に触れたい。

2 保険料率の調整とその限界

激変緩和措置については、協会けんぽ本部の運営委員会で早い時期から議論がされている。二〇〇八年一二月の第四回運営委員会では、多様な意見を集約する形で以下のような見解が紹介されている。[2]

「都道府県単位保険料率は、保険者機能の発揮による支部間の努力の結果が保険料率に反映されるという趣旨で導入されたものと思われるが、これまで一律で、協会になった途端に違ってきて、これまでの努力が足りなかったと言われても、高いところはなかなか納得できない。スタートラインではなるべく差をつけずに、徐々にそれぞれの支部間の保険者努力が反映されていくというのが望ましい」

「医療費コストの差については、医療機関や医療体制等の責任も大きく、いきなり加入者や事業主の責任をあまり大きく問うわけにはいかないので、相当の激変緩和措置が必要。五年間のうち三年間は保険者機能を強化して、医療の質の向上と費用の構造の是正にベストを尽くし、その後の二年で、事業主や加入者に対する差を考えていくというのが本来あるべき姿と感じる。五年間で調整するなら、後ろ倒しにしなければ、納得が得られにくいのではないか」

こうした集約の背景には、先に示した機械的試算をそのまま実施すると、北海道を始めとする保険料率が高くなる地域では、内部的努力では対応できない負担を背負い込むのではないかという強い懸念がある。逆に、長野県を始めとする保険料率が低くなる地域では、安易な激変緩和措置は、協会支部の自主努力の意欲を摘むことになるという意見がある。

そうした状況下において、保険料率の調整案として厚生労働省から以下の四案が提示され、激変緩和措置が検討されることになった。[3] 以下、四案の要点のみを簡単に説明する。カッコ内の数値は、上から最高料率の北海道、最低料率の長野県、両地域の差を示している。

A案：全国平均に加えて、保険料率上昇県には〇・一％の上限を設定する。下降県は〇・〇七％の下限を設定する（八・三〇％、八・一三％、〇・一七％）。

B案：初年度は調整後の保険料率の引上げ率と引下げ率を全国一律に五分の一に調整する（八・三一％、八・一〇％、〇・二一％）。

C案：保険料率上昇県は〇・一％を上限とする。下降県は全国平均からの乖離度に応じて引下げる（八・三〇％、七・九九％、〇・三一％）。

D案：C案を基本に、保険料率上昇県にも〇・一％に加えて保険料率の変化をつける（八・三九％、七・九三％、〇・四六％）。

ここには、都道府県単位の保険料率を採用した場合の激変緩和を、地域間の相互扶助により如何に乗り切るかという協会けんぽと厚生労働省保険局の努力と工夫がみられる。しかし、四案のどれをとってみても各地域の了解は得にくい。A案B案はわかりやすいが保険料率が下降する地域の合意は得にくい。C案D案は下降地域の合意はやや得やすいかもしれないが、調整原則があいまいである。

3　保険料率をめぐる関係者の見解と医療費の外部的規定要件

保険料率を規定する各地域の医療費は、協会けんぽの加入者である中小企業従事者の医療サービス利用行動の結果である。しかし、そうした行動の様態を規定する要因は、協会けんぽ加入者という内部属性の要因に収まるものではない。内部要因の世界に制限して地域間の相互扶助により調整をしようとする所に無理があるのではなかろうか。二月五日に厚生労働省で開催された都道府県単位保険料率に関する意見交換会では、それに関連した意見がみられる[4]。保険料率が最も高くなると想定される北海道支部の関係者は、およそ次のような趣旨の発言をしている。

「医療費は、医療提供体制や地方行政にも影響を受けるものであり、年齢や所得だけで調整するのは不満との声が支部に強い。住む場所や就労場所は本人の意思と関わりのない部分もあり、それによって保険料率の高低差をつけるのはいかがなものか。都道府県単位保険料率には意味があるだろうが、協会が努力した結果として現在の医療費の高低が出ているわけではない。低い料率から高い料率へ再配分して均衡させようとする激変緩和の方法で、問題解決ができるか懸念がある。きめ細かい保健指導をやりたいが保健師が不足している」

また、保険料率が最も低くなると想定される長野県の関係者は、次のように述べている。

「激変緩和の調整の結果として料率が横並びになるのであれば、都道府県単位保険料率の制度を導入した意味がない。激変緩和について、どこからが『激変』とみるのか。激変緩和において、医療費の低い県が高い県を支援するのは『お役所の机上論』である。高い県を緩和するための財源は、国が負担するべきだ。県内の企業の状況が非常に厳しい中、厚生労働省が示した激変緩和の四案は、加入者の立場から納得しがたい。どのような激変緩和の案がよいのかは、協会支部でなくお客様本位の視点で協会本部が示すべき。本来、保険料率が下がることは制度変更によるものので、なんら問題ではない。むしろ急激に下がる県があるのは歓迎すべき制度変更の果実である。長野県の医療費が安いのは、先人の努力の歴史があってのものである」

ここに示した二つの地域の関係者の発言に共通しているのは、第一に協会けんぽ支部間の相互扶助という激変緩和の方法に対する批判であり、第二に協会けんぽ支部を取り巻く外部的要因にも考慮すべきであるという見解である。

外部的要因を考える際に重要なのは、北海道の関係者が指摘するように医療提供体制や地方行政による取り組みである。別の言い方をすれば当該地域の地域保健医療体制である。また、長野県の関係者が指摘するような生活現実に接合した地域医療の歴史的取り組みがあって、初めてお客様本位の中小企業従事者本位の保健医療環境が成り立つと思われる。

外部的要因を問題にする場合、各種の統計に基づいて個々の指標が別々に検討評価されることが多い。長野県の保健医療については、一人当たり医療費が全国的にみて低いことから、その背景として、人口当たり病床数の少なさ、平均在院日数の短さ、入院や外来の受診率の低さ、在宅での死亡率の高さ、健診受診率の高さ、高齢者就業率の高さ、保健指導員の配置、等が注目されている。しかし、これらの統計的事実は個別に存在するというよりも、地域の保健医療体制という受け皿が歴史的に形成される中で、相互関連的に生まれてきたようである。

地域の保健医療環境は、風土や文化、職業生活や産業変動、住民の連帯意識等に規定されて生まれてくる。中小企業従事者は特定空間で共同生活をしているわけではなく、一人の地域住民として他健康保険の組合員に交じって生活している。疾病の原因となる健康管理の水準は、住民自身の健康意識・保健行動を基礎にして、地域社会の保健医療機関が住民の健康管理を協働でどのように対応するかにかかっている。そうした地域保健地域医療という受け皿を前提にして、協会けんぽ支部の自主努力があることを忘れてはならない。保険料率をめぐる内部的要因と外部的要因の構造的な認識を踏まえて、協会けんぽ内部の主体的で自律的な努力が初めて現実化するのである。

4　協会けんぽ支部の自律的努力

都道府県単位保険料率の激減緩和措置は、支部間の意見調整が難航し、最終的には政府与党の意見を入れてB案を下敷きとし、引上げ率・引下げ率を一〇分の一に調整して図表付-1に見るように決着した。協会けんぽ支部に自律的な努力を期待するというインセンティブは低下したが、努力が期待され、かつ必要なことは言うまでもない。

協会けんぽ本部は、二〇〇九年度の事業計画を作成するにあたり、保険者機能強化のためのアクションプランを策定している。その主目的は、保険者として健康保険事業を行い、加入者の健康増進を図るとともに、良質かつ効率的な医療が享受できるようにすることである。プランの柱は、①地域の医療等の分析の推進、②後発医薬品の使用促進、③インターネットを通じた医療費通知の実施、④保健指導の効果的な促進、⑤関係方面への積極的な発言、⑥調査研究の促進、となっている。

こうしたプランは、協会けんぽ支部ではどのように企画され実践されているのだろうか。ここでは、茨城支部を事例として検討したい[5]。紙幅の関係で、健診及び保健指導を中心にして検討したい。

図表付-1では茨城県の保険料率は七・九六%で、全国で九番目に低い。医療費が少ないのは、県民が健康であるというよりも医療サービス環境が悪く、必要な時にアクセスできないことにあるようだ。人口一〇万人対比の医師数は一一二人で全国四三位、一般診療所数は五八ケ所で全国四六位である。

健診データによると、BMI、メタボリックシンドローム(以下、「メタボ」という)、HDLコレステロール等のリスク保有率は、全国平均をかなり上回っており、個別疾病分析の重要因子になっている。保健指導の流れをみると、健診結果を基に対象者をメタボ該当者(動機づけ支援、積極的支援が必要)とメタボ非該当者(生活習慣の保健指導が必要)に分類し、メタボ該当者の場合は二〇分の個別指導または八〇分のグループ支援の後に、六カ月後に電話し、ファックス等を用いて生活習慣改善状況や体重・

胸囲の評価を行い、その結果を次回の保健指導につなげるというシステムになっている。二〇〇八年の事業実績評価では、生活習慣病予防健診は概ね目標を達成しているが、特定健診は制度の周知不足や受診券申請方式の煩雑さのため、特定保健指導はマンパワー不足のため、どちらも実施率が低いという。

担当保健師によれば、保健事業推進の主な阻害要因は以下のとおりである。内部的要因としては、従業員向けの保健指導に十分な時間がいただけない場合が多いという。健診を受け要精密健診と診断されても自覚がないので精密検査受診に結びつかず、健診効果が薄い場合があるという。外部的要因としては、県内でも保健師の有資格者が少なく、保健師の拡張が難しく、協会けんぽの目指す保健事業運営に影響が出ていること。地域での医療機関の偏在等により、健康診断の実施が困難になることがあるという。

おわりに

紙幅の関係で詳細な検討はできないが、茨城県の取り組みの一事例を見ただけでも、協会けんぽ支部が意欲的に事業を始めると、内部の関係者の理解で事業が進むことも多いが、外部的要因の不備や不理解で中長期的な事業計画に支障をきたすことが多い。新たな保健事業の実施は、一時的には保険料率を上げることになるが、健康の自己管理能力を高め保健行動が改善され、その結果として健診受診者が増加することにより、中長期的には保険料率を下げることにつながる。

その意味で、都道府県の保険者協議会や行政・保健所・医療機関・事業所代表等により推進される地域・職域連携推進協議会等を活用して、地域社会における外部的保健医療資源の開発や活用、共同利用等を積極的に進める必要がある。国際的に見ると、日本ほど医療の地域差が大きい国はないという指摘もある[6]。中小企業従事者の医療環境改革は、内部努力と並行して地域社会レベルの外部環境改革を進め、地域差を縮小する努力が必要である。

注

1 「日本経済新聞」二〇〇九年七月一五日版、参照。
2 協会けんぽ「都道府県単位保険料率に係る第四回運営委員会（二〇〇八年一二月二六日）における意見の概要」
3 厚生労働省保険局「全国健康保険協会における都道府県単位保険料率の設定について」二〇〇九年二月五日。
4 厚生労働省保険局保険課「都道府県単位保険料率に関する意見交換会（概要）」二〇〇九年二月五日。
5 協会けんぽ茨城支部「第二回茨城支部評議会資料」二〇〇九年五月二八日。
6 地域差研究会『医療費の地域差』東洋経済新報社、二〇〇一年九月、三一頁。

あとがき

本書に収録した論文は、二〇〇〇年に介護保険制度が始まって以降、様々な機会をとらえて執筆した論考を、取りまとめたものである。初出名を記すと以下のとおりである。本書の編集にあたり、タイトルを若干修正したが、本文は基本的に変更していない。そのために、今となっては多分に古めかしいものもあるが、御容赦いただきたい。

第1章　分権型福祉社会と地方社会の課題
「分権型福祉社会と茨城の課題」『いばらきの福祉活動、創刊号』、茨城県社会福祉協議会、二〇〇五年
第2章　高齢者の生活スタイルと近隣居住
1節　自立した高齢者の生活スタイル
「転換期にある高齢者の生活スタイル」『かんご、五二巻八号』日本看護協会出版部、二〇〇〇年
2節　定住生活の変化と高齢者親子の近隣居住

「定住生活の変化と親子の近接居住」『都市問題、九〇巻一二号』東京市政調査会、一九九九年

第3章　地域社会における介護保険の運営

1節　中山間地域における介護保険料の低廉性

「介護保険料の低廉性とサービス環境の流動化」『週刊社会保障、二一四五号』法研、二〇〇一年

2節　都市地域における介護相談員の役割

「介護保険改革と介護相談員の役割」『週刊社会保障、二三三八号』、法研、二〇〇五年

3節　社会福祉協議会「事業体化」と介護保険

「社会福祉協議会の今後の経営と介護保険」『週刊社会保障、二二二二号』、法研、二〇〇三年

4節　介護保険制度の「見直し」と地方社会

「介護保険サービスの現状と改革の課題」『自治権いばらき、七七号』茨城県地方自治研究センター、二〇〇五年

第4章　地域ケアシステムと在宅ケアチームの実践

「高齢者在宅生活支援と地域ボランティアの役割」(任春生と共著)『茨城大学地域総合研究所年報、三六号』、茨城大学、二〇〇三年

第5章　地域包括支援センターの構想と現実

1節　地域包括支援センターの理念とネットワーク形成

「地域包括支援センターと日常生活圏形成」『週刊社会保障、二四六一号』、法研、二〇〇七年

2節　地域包括ケアの可能性と阻害要因
「介護予防システムの現状と課題」『ＪＯＹＯ　ＡＲＫ、四七八号』、常陽地域研究センター、二〇〇九年
第6章　介護サービス評価の展開と当事者主体の評価
1節　介護評価実践の多様な展開
「介護保険事業評価の構想と現実」『週刊社会保障、二二八〇号』、法研、二〇〇四年
2節　介護サービス評価をめぐる当事者評価の試み
「福祉サービス評価の集権化と当事者主体の評価」『茨城大学地域総合研究所年報、四二号』、茨城大学、二〇〇九年
終　章　社会関係資本と福祉コミュニティの再生
「社会関係資本とコミュニティ再生」『週刊社会保障、二三九五号』、法研、二〇〇六年
付　論　中小企業従事者の医療環境改革
「中小企業従事者の医療環境改革」『週刊社会保障、二五五二号』、法研、二〇〇九年

右に示した小論文を執筆した時期は、ちょうど茨城大学人文学部の大学院改革と重なり、認証評価を受けるための基礎的な調査に始まり、大学院改組の具体的な作業を専門委員会委員長として取りまとめる責務に追われ、納得のいく十分な研究調査ができなかった。

しかし、そうした中で、水戸市高齢福祉課の職員の方々、同社会福祉協議会のケアシステムコーディネーターの方々との共同作業により、大学の内部では得られない知見の習得がありました。また、株式会社法研の豊島康二さんからは「週刊社会保障」に執筆する機会を与えられ、実務的な学習をする機会にもなりました。その他、多くの方々から、陰に陽に様々なご支援をいただきました。ここで改めて御礼を申し上げます。

ワ行

マ行

ヤ行

ラ行

ナ行

ハ行

タ行

サ行

索　引

著者紹介

松村　直道（まつむら　なおみち）

1945年　群馬県太田市生まれ
1969年　東京学芸大学学芸学部卒業
1974年　東京大学大学院教育学研究科博士課程修了
東京都老人総合研究所研究員、茨城大学講師、助教授、教授を経て
現　在　常磐大学コミュニティ振興学部教授、茨城大学名誉教授

著　書

『都市政策と地域形成』（共著、東京大学出版会、1990年）
『地域福祉政策と老後政策』（単著、勁草書房、1990年）
『茨城の高齢者はいま』（編著、茨城新聞社、1992年）
『企業城下町日立のリストラ』（共著、東信堂、1993年）
『エイジズム』（共訳、法政大学出版会、1995年）
『産業変動下の地域社会』（共著、学文社、1996年）
『高齢者福祉の創造と地域福祉開発』（単著、勁草書房、1998年）他

介護予防支援と福祉コミュニティ

2011年2月15日　　初　版第1刷発行　　〔検印省略〕

定価はカバーに表示してあります。

著者©松村直道／発行者 下田勝司　　印刷・製本／中央精版印刷

東京都文京区向丘1-20-6　　郵便振替00110-6-37828
〒113-0023　TEL（03）3818-5521　FAX（03）3818-5514
発行所 株式会社 東信堂

Published by TOSHINDO PUBLISHING CO., LTD.
1-20-6, Mukougaoka, Bunkyo-ku, Tokyo, 113-0023, Japan
E-mail : tk203444@fsinet.or.jp http://www.toshindo-pub.com

ISBN978-4-7989-0029-2　C3036
© N. MATSUMURA

東信堂

〔現代社会学叢書〕

開発と地域変動―開発と内発的発展の相克	北島滋	三二〇〇円
在日華僑のアイデンティティの変容―華僑の多元的共生	過放	四四〇〇円
健康保険と医師会―社会保険創始期における医師と医療	北原龍二	三八〇〇円
事例分析への挑戦―個人現象への事例媒介的アプローチの試み	水野節夫	四六〇〇円
海外帰国子女のアイデンティティ―生活経験と通文化的人間形成	南保輔	三八〇〇円
現代大都市社会論―分極化する都市？	園部雅久	三八〇〇円
インナーシティのコミュニティ形成―神戸市真野住民のまちづくり	今野裕昭	五四〇〇円
ブラジル日系新宗教の展開―異文化布教の課題と実践	渡辺雅子	七八〇〇円
イスラエルの政治文化とシチズンシップ	奥山眞知	三八〇〇円
正統性の喪失―アメリカの街頭犯罪と社会制度の衰退	G・ラフリー 室月誠監訳	三六〇〇円

〔シリーズ社会政策研究〕

福祉国家の社会学―21世紀における可能性を探る	三重野卓編	二〇〇〇円
福祉国家の医療改革―政策評価にもとづく選択	三重野卓・近藤克則編	二〇〇〇円
共生社会の理念と実際	三重野卓編	二〇〇〇円
福祉政策の理論と実際（改訂版）福祉社会学研究入門	武川正吾・キム・ヨンミョン編	二五〇〇円
韓国の福祉国家・日本の福祉国家	三重野卓・平岡公一編	三二〇〇円

改革進むオーストラリアの高齢者ケア	木下康仁	二四〇〇円
認知症家族介護を生きる―新しい認知症ケア時代の臨床社会学	井口高志	四二〇〇円
社会福祉における介護時間の研究―タイムスタディ調査の応用	渡邊裕子	五四〇〇円

新版 新潟水俣病問題―加害と被害の社会学	飯島伸子・舩橋晴俊編	三八〇〇円
新潟水俣病をめぐる制度・表象・地域	関礼子	五六〇〇円
新潟水俣病問題の受容と克服	堀田恭子	四八〇〇円
公害被害放置の社会学―イタイイタイ病・カドミウム問題の歴史と現在	飯島伸子・渡辺伸一・藤川賢編	三六〇〇円

〒113-0023 東京都文京区向丘1-20-6 TEL 03-3818-5521 FAX03-3818-5514 振替 00110-6-37828
Email tk203444@fsinet.or.jp URL:http://www.toshindo-pub.com/

※定価：表示価格（本体）＋税